W0174125

GÜTERSLOHER
VERLAGSHAUS

**Gütersloher Verlagshaus. Dem Leben vertrauen**

# Jörg Zink

# An den Wassern zu Babel

Wie der Glaube
an den einen Gott
in die Welt kam

Gütersloher Verlagshaus

# Inhalt

# I.
# Unsere Geschichte beginnt in einer Steppe

# 1. »An den Wassern zu Babel saßen wir und weinten«

Die Steppe, die wir hier meinen, bestand aus einer Gefangenschaft, einem öden Land des Lehms, aus beinharter Arbeit und einigen Überlebenden einer Katastrophe. Aus Hoffnungslosigkeit. Aus Verzweiflung. Aus einem an die Grenzen der Kräfte gehenden Kampf um ein notdürftiges Überleben.

Es war in der flachen Steppe östlich von Bagdad, einige Kilometer von der alten Stadt Uruk.
Ein schmales Zelt bot ein wenig Schatten.
Ein Mann hockte mit seiner Familie darunter.
Seit Jahren hatte es nicht mehr geregnet.
Sein Feld war praktisch trocken.
Die Halme, die hier wuchsen, hatten so gut wie keine Ähren.
Er hatte nichts mehr gegen die Sonnenhitze als dieses armselige Dach und seine Kinder.
Was es heißt, in diesem Land sich irgendwo und irgendwie am Leben halten zu müssen, hier lag es vor Augen.

Die Sonne stand rot und glühend im Blättergeflecht einiger staubiger Palmen und spiegelte sich im braunen Wasser. Ein paar Büschel Schilf am Ufer eines Kanals. Im Wasser die Köpfe von ein paar Büffeln, den Abend verträumend.
Über dem Ufer ein paar Hütten, aus Schilfmatten geflochten. Harte, staubige Erde. Trocke-

nes Gras. Zwischen den Hütten eine magere Kuh. Ein angebundener Esel. Das Ufer entlang ein paar Menschen, sitzend, abgerissen, in Lumpen.

»Wo warst du heute?«
»An der Straße, die sie zu dem Dorf da drüben bauen.«
»Und du?«
»An einer Baustelle in Nippur.«
»Hast du dein Soll erfüllt?«
»Mein Gott! Wie soll ich das schaffen? Immer diese Holzrahmen. Immer dieses Lehmhineinklopfen. Immer dieses Dahocken, und immer geht's weiter. Nach einer Stunde halte ich meinen Rücken kaum mehr aus. Aber was will ich sonst tun? Von irgend etwas müssen wir leben.«
»Wie lang die Frauen brauchen für das Brot!«
»Was die für primitive Öfen haben hier! Wie Fässer! Nach oben offen!«
»Sie kommen damit noch nicht zurecht.«
»Ich hasse diese Lehmfabriken. Und diese Aufseher, die wie die Könige auf einer Mauer stehen. Wenn sie herunter kommen, zählen sie immer nur nach, wie viele Ziegel man geschafft hat.«
»Eine Arbeit für Menschen ist das nicht.«
»Menschen? Das kannst du vergessen. Wir sind Verbrauchsmaterial.«

Einer hat ein Bündel Schilf vor sich und macht sich eine Matte. Schaut seitwärts zu einem alten Mann: »Du weißt doch alles. Kannst du mir sagen, was dieses Leben hier für einen Sinn hat?« Der schaut zurück. Und nach einer Weile: »Ja schon. Aber dazu müssten wir lange reden. Vielleicht, wenn wir einmal mit diesem Leben besser zurechtkommen.«

Dann verstummt das Gespräch. Sie sind alle zu müde. Die Sonne geht abwärts zwischen den Stämmen der Bäume und versinkt. Es ist Nacht am Kanal Kebar in Babylon, dort, wo die gefangenen Judäer von der babylonischen Verwaltung vor einigen Tagen eingewiesen worden waren.

Die Ziegeleien, von denen hier geredet wird, kann man überall in diesem Land des Lehms wiederfinden. Eine davon sah ich in Nippur, wo ein Palast der assyrischen Könige restauriert wurde. Auf einer Mauer stand der Aufseher, und die Arbeiter, die sich hier ihren geringen Lohn verdienten, hockten vom Morgen bis zum Abend im Lehm und formten ihre Ziegel.

Ich brauche nicht viel Phantasie, um mir die Szene vorzustellen. Ich habe selbst erlebt, wie es ist, wenn man einen Krieg verliert, in dem man sich für die Menschen zu Hause eingesetzt hat, den man für seine Freiheit, sein Land und sein Überleben durchgekämpft hat. Wie man zusammengetrieben und wie das Vieh in Waggons zusammengepresst irgendwohin geschafft wird, wohin man nicht will, und nun überleben muss auf irgendeine Weise.

Ich brauche mir nicht viel auszudenken, um zu verstehen, wie den gefangenen Judäern zu Mute war an ihrem Kanal und auf der harten Erde, wenn es trocken war, in dem Schlamm, wenn es regnete, die Verzweiflung zu sehen und den Hass gegen eine überlegene Siegermacht. Die Geschichte wiederhole sich nicht, sagt man. Sie wiederholt sich doch. Unablässig. Ich lese manche Geschichten der Bibel wie einer, der sie mitgemacht hat.

# 2. Der große Treck

Wenn sie an den Abenden so dasaßen, müde und ausgezehrt, sahen sie sich noch immer gehen, gehen, immer diese Wüstenpiste entlang, die endlose. Mehr als zwölfhundert Kilometer waren sie unterwegs gewesen, zu Fuß, von Jerusalem über den Golan nach Damaskus, nach Nordsyrien, über Palmyra an den Euphrat und den Euphrat abwärts zur stolzen Hauptstadt des Weltreichs Babylon. Dahingeschleppt hatten sie sich mit Frauen und Kindern unter den Prügeln von babylonischen Soldaten, bis hierher.

In der Bibel ist das Klagelied eines der Gefangenen erhalten. Er muss es auf dem Marsch gebetet haben, als er am Hermon oben zum letzten Mal hinabsah auf die Quellen des Jordan, ehe der Transport weiterging am Hermon vorbei, nach Syrien hinüber:

*»Wie ein Hirsch schreit nach frischem Wasser, so schreit meine Seele, Gott, nach dir. Meine Seele dürstet nach Gott, nach dem lebendigen Gott. Wann werde ich zum Tempel wiederkehren und schauen das Angesicht des Herrn? Verzweifelt bin ich und weine Tag und Nacht, während meine Bewacher mich täglich höhnen:*

*Wo ist nun dein Gott?*

*Daran denke ich und schütte mein Herz aus bei mir selbst: Wie ich ins Haus des Erhabenen einzog, in den Tempel des Herrn, mit Jubel und Dank in der Schar der Feiernden.*

*Betrübt ist meine Seele in mir,*
*darum denke ich an dich*
*in dem Lande am Jordan und am Hermon,*
*am Berg über den Jordanquellen.*
*Da rauschen deine Fluten daher,*
*und eine Tiefe holt die andere nach.*
*Alle deine Wassermassen*
*gehen über mich hin.*

*Bisher warst du der feste Grund,*
*auf dem ich stand.*
*Nun frage ich dich:*
*Warum hast du mich verlassen?*
*Warum muss ich in Verzweiflung gehen,*
*allein und umringt von Spott?*
*Ich bin so zerschlagen, so ohne Kraft,*
*und die mich hassen, spotten den ganzen Tag:*
*Wo ist denn nun dein Gott?«*
Psalm 42

Monate später, nach dem langen Marsch, saßen die Leute aus Jerusalem an den »Wassern zu Babel« und sangen ihre klagenden und anklagenden Lieder:

*»An den Wassern zu Babel saßen wir*
*und weinten, wenn wir an Jerusalem dachten.*
*An die Weiden hängten wir unsere Harfen.*
*Denn dort verlangten unsere Bewacher,*
*wir sollten singen.*
*Jubel forderten unsere Bedrücker:*
*›Singt uns ein Lied vom Zion!‹*
*Wie aber könnten wir ein Gotteslied singen*
*auf fremder Erde?«*

Vielleicht hatten sie anfangs in ihrer Verlassenheit wirklich Lieder aus den Gottesdiensten am Tempel gesungen. Vielleicht fanden ihre Bewacher den Gesang so schön, dass sie immer mehr davon hören wollten, bis die Gefangenen es aufgaben, den Feinden zu ihrem Vergnügen zu singen. Aber noch der Entschluss, nicht mehr zu singen, geriet ihnen zum Lied.

Sie saßen dort, ohnmächtig einem brutalen Regime ausgeliefert, beschrieben in ihrem Lied die Stadt Babylon als eine Königin, sahen die endlos fortdauernde Tyrannis im Bild der Kinder und Kindeskinder, die in den Palästen zu Menschenverächtern und Völkerschindern heranwuchsen, und in hilfloser Verzweiflung beschworen sie deren Ende:

*»Tochter Babel, du Verwüsterin!*
*Wohl dem, der dir vergilt, wie du uns tatest:*
*Der deine Kinder nimmt*
*und sie an einem Felsen zerschmettert!«*
Psalm 137

Wer heute durch die Ruinenlandschaft Babylons wandert, steht plötzlich vor einem riesigen Denkmal. Irgendwo zwischen den Resten der Ziegelmauern steht ein Symbol des Schreckens: Ein Löwe aus Basalt, der Babylons Macht verkörpert. Der massige Körper steht aufgerichtet, die Vorderpranken einem auf dem Rücken liegenden Menschen auf die Brust gestellt. So sah diese Großmacht sich selbst. Ihr Verhältnis zur übrigen Menschheit war das eines Raub-

Auf dem riesigen Trümmerfeld Babylons steht der Löwe: in Basalt gehauen, das Symbol dieses Staates. So verstand sich Nebukadnezar, und so wurde er von den alten Völkern des Nahen Ostens erfahren, gefürchtet und gehasst: als das riesige Untier, das einem auf dem Rücken liegenden Menschen die Pranken auf die Brust setzt, unbesiegbar, alles, was ihm entgegentritt, als Beute verschlingend.

tiers zum wehrlosen Material, aus dem es seine Macht aufbaute.

Wo die Verbannten lebten, das ahnen wir ein wenig aus der Erzählung des Propheten Hesekiel. Sie wohnten am Kanal Kebar, also an dem breiten Nebenarm des Euphrat, der bei Babylon nach Osten abzweigt, dann die weite Ebene, die sich südöstlich von Babylon steppen- und wüstenhaft hindehnt, durchfließt und bei Uruk sein träges, lehmfarbenes Wasser dem Euphrat wieder zuführt. An ihm befand sich offenbar eine Gebetsstätte der Judäer, unweit des Ortes, bei dem sie angesiedelt waren und der den Namen Tel Aviv, das heißt Frühlings- oder Gerstenhügel, trug, nahe Nippur.

Zu Beginn des zwanzigsten Jahrhunderts nach Christus versammelten sich ein paar Dutzend jüdische Siedler auf einer Sanddüne am Strand nördlich von Jaffa und beschlossen die Gründung einer Stadt. Sie erinnerten sich jener Gefangenschaft in Babylon zweitausendfünfhundert Jahre zuvor und an den Namen des Ortes, an dem die Babylonier die Urväter festgehalten hatten, und sie nannten die neue Stadt, die sie nun in der uralten Heimat nach zweitausend Jahren zum erstenmal in Freiheit bauten, »Tel Aviv«.

*

Wenn sie weiter zurückdachten, stand das Feuer der brennenden Stadt vor ihren Augen, das

Feuer, in dem ihre Heimat untergegangen war, vielleicht ein halbes Jahr zuvor.

Es war geschehen im Jahr 587 vor Christus. Nach etlichen Jahren des Kleinkriegs um das aufsässige Königreich Juda brach Nebukadnezar, der König des Großreichs von Babylon, vom Euphrat auf und marschierte mit einem gewaltigen Heer nach Westen, um endlich seine Macht im syrisch-palästinischen Raum zu sichern. Zu lange hatten sich die kleinen Stadtfürsten von Jerusalem und anderswo seiner Herrschaft widersetzt, Verträge gebrochen, Tributzahlungen verweigert. Er eroberte und zerstörte, planmäßig und gründlich, eine Stadt nach der anderen, bis im Januar 588 nur noch Jerusalem übrig war wie eine einsame Insel. Achtzehn Monate lang belagerte er die Stadt, bis es ihm gelang, in sie einzudringen.

*Altstadt von Jerusalem*

Als der Krieg begann, hatte Juda, das Umland von Jerusalem, noch rund hunderttausend Einwohner. Durch Hunger oder Schwert kamen, Schätzungen zufolge, rund vierzigtausend von ihnen um. Der Rest wurde geteilt. Die kleinen Leute durften zu Hause bleiben. Es waren rund vierzigtausend. Die herrschende Schicht aus Gebildeten und Handwerkern wurde deportiert und nach Babylon verbracht. Es waren die Familie des Königs, die Regierung, die Beamten, die Priester, die Angehörigen der nationalistischen Partei. Die Grundbesitzer, die Künstler, die für die Produktion von Waffen

*Assyrische Bogenschützen mit einem Rammbock, mit dem sie Mauern zu Fall bringen wollen.*

und für Bauaufgaben brauchbaren Arbeiter und natürlich die Offiziere und die Soldaten mit ihren Familien. Das dürften um zwanzigtausend Personen gewesen sein. Wer von den Armen keinen Grund und Boden besaß, wurde in die Güter der weggetriebenen Grundbesitzer eingewiesen. Eine vorläufige Regierung wurde eingesetzt und das Land im übrigen seinem Elend überlassen.

In den Klageliedern des Jeremia lesen wir darüber ergreifende Worte. An diesen Liedern aber ist das Bemerkenswerte, dass nicht Nebukadnezar die Schuld an dem schrecklichen Unheil gegeben wird. Dass ein Gewaltherrscher seine Gewalt austobt, das schien normal. Ganz und gar nicht normal jedoch ist, dass ein Gott, auf den man sich verlässt, sich plötzlich wie ein Feind gegen das eigene Volk wendet. Und bemerkenswert ist zudem, dass immer auch der Gedanke hereinspielt, man sei vielleicht selbst mitschuldig an allem, was da geschah, auch wenn man überzeugt war, eine solche Katastrophe hätte sich nicht vollziehen können, wenn sie nicht im Urteil Gottes ihren Hintergrund gehabt hätte. Am Ende waren ja doch die Menschen und ihre Feinde miteinander nur Werkzeuge eines göttlichen Willens.

In den Klageliedern Jeremias, die damals in den Trümmern Jerusalems gedichtet worden sein müssen, lesen wir:

*Ach! Im Zorn ballte Gott die Wolken*
*zusammen über der Stadt Jerusalem!*
*Geworfen vom Himmel zur Erde*
*hat er Israels Pracht!*
*Er zerschlug seinen eigenen Tempel,*
*zerstörte den Ort seiner Feste,*
*dass man Feiertage vergaß und Sabbat.*
*Er verwarf in grimmigem Zorn*
*König und Priester,*
*zerbrach seinen Altar,*
*verwüstete sein Heiligtum.*
*Er riss ab die Mauer der Stadt.*
*Stück um Stück, wohl gemessen,*
*stürzte er um, seine Hand ließ nicht ab.*
*Trauernd liegen Mauer und Wall,*
*miteinander sanken sie hin.*
*Ihr König, ihre Berater sind ferne,*
*niemand gibt Weisung und Recht.*
*Stumm sind die Propheten,*
*sie hören kein Wort mehr von Gott.*
*Schweigend kauern am Boden*
*die Ältesten Jerusalems,*
*streuen sich Staub auf das Haupt*
*und kleiden sich mit Säcken.*
*Die Jungfrauen Jerusalems*
*lassen die Köpfe hängen.*
*Ich weine mir fast die Augen aus,*
*Feuer brennt in mir,*
*wenn ich denke,*
*wie Kinder und Säuglinge*
*verschmachteten in den Gassen der Stadt.*
*Wie sie schrien zu den Müttern:*
*»Wo ist Brot?« Wie sie zugrunde gingen*
*in den Straßen der Stadt,*
*wie sie ihr Leben aushauchten auf dem*
*Schoß ihrer Mütter. Ach, Jerusalem!*
*Wie soll ich dir zureden?*
*Wem dich vergleichen?*
*Weit wie das Meer ist dein Elend,*
*wer könnte dich heilen?*
*Schreie laut zu dem Herrn! Klage!*
*Wie einen Bach lass rinnen deine Tränen*
*bei Tag und bei Nacht.*
*Lass nicht ab, gib keine Ruhe deinen Augen.*
*Wie Wasser schütte dein Herz aus*
*vor dem Angesicht Gottes.*
*Hebe deine Hände auf zu ihm*
*für das Leben deiner Kinder:*
*»Ach, sieh doch, Herr, wem du das getan hast!*
*Durften die Frauen essen die Frucht ihres*
*Leibes, die Kinder, die man auf Händen trägt?*
*Durften die Priester, die Propheten*
*erschlagen werden im Heiligtum des Herrn?*
*Ich bin der Mann, der Elend erlitt*
*durch die Rute des göttlichen Zorns.*
*In die Finsternis führte mich Gott,*
*nicht ins Licht.*
*Mit Bitternis und Mühsal*
*hat er mich umschlossen,*
*in Finsternis wie die ewig Toten.«*

Im 74. Psalm lesen wir:

*»Alles hat der Feind verheert*
*in deinem Tempel.*
*Deine Widersacher schreien herum*
*in deinem Haus*
*und stellen ihre Feldzeichen darin auf.*
*Hoch sieht man die Äxte sich heben*
*wie im Dickicht des Waldes.*
*Sie zerschlagen all sein Schnitzwerk*
*mit Beilen und Hacken.*
*Sie verbrennen dein Heiligtum.*
*Bis auf den Grund entweihen sie*
*deine Wohnung.*
*Sie verbrennen alle Gotteshäuser im Land.*
*Kein Prophet ist mehr da,*
*und keiner ist bei uns,*
*der etwas zu sagen weiß.«*

Oder noch einmal in den Klageliedern,
im 5. Kapitel:

*»Unser Erbe ist den Fremden zugefallen,*
*unsere Häuser den Ausländern.*
*Unser Wasser müssen wir mit Geld kaufen,*
*unser eigenes Holz müssen wir bezahlen.*
*Mit dem Joch auf unserem Hals*
*treibt man uns, und wenn wir auch müde*
*sind, lässt man uns doch keine Ruhe.*
*Unsere Haut ist verbrannt wie in einem Ofen*
*von dem schrecklichen Hunger.*
*Sie haben die Frauen in Jerusalem geschändet*
*und die Mädchen in der Stadt ringsum.*
*Fürsten wurden von ihnen gehenkt,*
*Jünglinge mussten Mühlsteine tragen*
*und Knaben beim Holztragen straucheln.*
*Hast du, Gott, uns denn ganz verworfen?*
*Und ist denn ganz ohne Ende dein Zorn?«*

Sargon, der erste große Herrscher aus der Schicht der semitischen Einwanderer, die im 3. Jahrtausend aus der Wüste kamen, ist mit seinem Bronzeporträt noch heute gegenwärtig. Der Kopf wurde später mit Gewalt beschädigt. Mit einem harten Werkzeug wurden die eingesetzten Augen ausgestoßen und die Augenhöhlen rundum angeschlagen. Aber der Kopf dieses ersten Begründers eines Großreichs behält seinen faszinierenden Ausdruck mit seiner souveränen Ruhe und Gelassenheit. Das Haupthaar ist in Zöpfe gefasst, der Bart ist nach der Tracht der sumerischen Könige, deren kulturelles und politisches Erbe Sargon bewusst übernommen und sorgfältig fortgeführt hat, gekräuselt.

Sargon schuf das erste große stehende Heer, das wir kennen. Er führte Krieg nach allen Seiten und drang nach Besiegung der Sumerer und des Reichs von Mari bis nach Anatolien und ans Mittelmeer vor. Er war der Initiator jener Geschichte der pausenlosen Kriege in jenem Raum, bis hin zu den Persern zweitausend Jahre nach ihm.

Ernst Alt, der Maler und Zeichner,
hat das Schicksal und den Auftrag eines Propheten
in einem ergreifenden Symbol dargestellt.
In den Höhlungen eines Ölbaums steht ein Mensch,
der den Auftrag hat,
aufzurufen im Namen Gottes,
und der nun sein Wort hinausschreit.

Im Geäst rechts oben schreckt eine Taube auf,
der das Nest zerstört wurde.
Seht doch! So scheint der Prophet zu rufen.
Seht doch, was da geschieht.

An der Wurzel liegt eine Axt.
Sie wird den Baum fällen.
Und das eigene Schicksal des Rufers
wird zusammen mit dem Baum,
seinem Volk,
in der Katastrophe, im Tod enden.

# 3. Ein General und ein Prophet

Es war in jenen Tagen gewesen. Nebusaradan, der Oberkommandierende der babylonischen Elitetruppen, ging kontrollierend die lange Reihe der Gefangenen entlang, ehe der lange Marsch begann. Ehemalige judäische Soldaten in Resten militärischer Kleidung, Frauen und Mädchen, die Zeichen von Hunger und Angst in den Gesichtern, Kinder dazwischen. Auf der Hochfläche nördlich der eroberten, brennenden Stadt Jerusalem standen sie, umstellt von Bewaffneten, im Sammellager. Der Krieg war zu Ende. Und diese hier, die ihre letzten Habseligkeiten in Bündeln mit sich schleppten, hatten Glück gehabt. Sie waren immerhin am Leben.

Aber da stockte der General. Den dort – den kannte er doch! Da stand doch, gefesselt wie die anderen, jener einsame Mann, den der König Nebukadnezar seiner besonderen Obhut empfohlen hatte und der auf seinen eigenen Befehl vor wenigen Tagen freigelassen worden war! Jener Einzige, der in der Stadt während des ganzen Krieges zum Frieden gerufen hatte. Der Einzige, der die Lage nüchtern gesehen hatte. Der Einzige, der den Untergang des kleinen Königreichs hätte verhindern können, hätte man auf ihn gehört: der Seher Jeremia. »Wer hat den hierher gebracht?« Irgendwer zuckte mit den Schultern, sprach von einem Versehen. »Fesseln ab!«, befahl Nebusaradan.

»Du kannst gehen, wohin du willst. Wenn du mich nach Babylon begleiten willst, soll es dir gut gehen. Du kannst auch hier bleiben. Tu, was du willst.« Jeremia wollte bleiben. Nebusaradan versorgte ihn mit Lebensmitteln und ließ ihn gehen.

Jeremia dürfte kaum Freude über seine Freiheit empfunden haben. Drüben stand der Rauch Jerusalems am Himmel. Dort gab es nichts zu tun. Der Seher verließ das Lager und wandte sich nach Nordwesten, zu dem zerstörten Bergnest Mizpa. Es war ein Weg von einer guten Stunde. Dort sollte einer der wenigen integren Männer aus dem Königshaus eine Art Verwaltung für das zerstörte Land aufbauen. Vielleicht konnte er, Jeremia, dem Gedalja helfen.

Achtzehn Monate Entsetzen, Angst und Sterben zogen vor seinen Augen vorbei. Vor eineinhalb Jahren war der unübersehbare Heerzug der Babylonier auf den Höhen um Jerusalem erschienen. Mit ein paar tausend Leuten wollte man in Jerusalem der Militärmacht aus dem Osten die Stirn bieten, unfähig, sich damit abzufinden, dass das Land Juda, kaum dreißig Kilometer in die Breite und in die Länge, kein politischer Faktor mehr war.

Als nach Monaten der Belagerung der Einfältigste sehen musste, dass dies das Ende war, träumten der König und seine Berater noch vom Endsieg, glaubten sie noch an das Wunder. Immerhin kamen eines Tages zwei Priester vom Hof mit einer Bitte des Königs zu Jeremia: »Du Seher, befrage doch Gott für uns, ob er nicht ein Wunder tun will, so dass die Babylonier abziehen!« Aber der wusste von keinem Wunder. »So spricht Gott: Ihr werdet auf den Rücken fallen mit all euren Waffen. Ich werde den König und alle, die von Pest, Schwert und Hunger übrig sind, von Nebukadnezar zusammenschlagen lassen. Der wird euch umbringen. Ohne Erbarmen!« Und den Bewohnern der Stadt rief er zu: »Es gibt einen Weg zum Leben und einen Weg zum Tod. Wer in der Stadt bleibt, kommt um. Wer sich ergibt, bleibt am Leben!«

Und dann kam jene Nacht, in der der König, während die Babylonier die ersten Breschen in die Mauern schlugen, durch einen geheimen Tunnel die Stadt verließ und mit ein paar Be-

So ging oder fuhr man vor 4000 Jahren, in akkadischer Zeit, in den neu erfundenen Krieg. Der Sinn dieses Aufwands ist festgestellt in dem Menschen rechts unten, der unter den Eseln oder vielleicht schon Pferden liegt, die in jener Zeit erstmals gezähmt wurden.

gleitern zu entkommen suchte. Bei Jericho fasste man ihn. Vor seinen Augen schlachtete man seine Söhne ab. Ihm selbst stach man die Augen aus, schloss ihn in Ketten und trieb ihn nach Babylon.

Das war vor einem Monat gewesen. Dann ging dreißig Tage lang der Tod in der Stadt um. Raub, Zerstörung, Vergewaltigung, Quälerei. Tempel und Palast gingen in Flammen auf. Die Mauern stürzten ins Tal. In den Gassen häuften sich die Leichen. Schakale strichen durch die leere Stadt.

Was wollte er eigentlich in Mizpa? Woher sollte hier ein neuer Anfang kommen? Drüben in Rama standen sie alle gefesselt, die noch die Kraft gehabt hätten, neu zu beginnen. Ein Marsch von tausendzweihundert Kilometern lag vor ihnen, erst nach Norden, dann durch die Syrische Wüste nach Osten und zuletzt den Euphrat hinunter bis in die Ebene um Babylon.

Was hier in den Dörfern übrig blieb, das waren kleine Leute. Armselig. Verängstigt. Ohne Hoffnung. Ein Traum von sechshundert Jahren war zu Ende. Und nicht nur der Traum vom großen, freien Volk Gottes, sondern auch eine tausendjährige wirkliche Geschichte.

# 4. Schwellenzeit

Wir denken also zweitausendsechshundert Jahre zurück, in das 6. und 5. Jahrhundert vor Christus, und wir gehen in Gedanken hinaus in die ferne Welt der Länder des Nahen Ostens, Indiens und Chinas. Wir werden in ihnen, wohin immer wir kommen, einem ähnlichen Geschehen begegnen. Ein großes Erwachen und Entdecken ging damals um die Welt. In China wirkten Laotse und Kungfutse, in Indien Gautama Buddha, im persischen Hochland der Reformator Zoroaster. In den Handelsstädten am Ägäischen Meer erwachte mit den Namen Thales, Heraklit und Sokrates die europäische Philosophie. Aus vielen tausend Jahren des mythischen Träumens und des religiösen Beharrens erhob sich der menschliche Geist an vielen Stellen der Welt zur gleichen Zeit und begann, bewusst und frei von überlieferten Bildern und Symbolen nach einer Wahrheit zu suchen, die vor einem sich selbst vertrauenden Bewusstsein standhalten würde. Man hat jene Zeit schon als die Schwellenzeit der Weltgeschichte bezeichnet, als die Zeit also, in der die Menschheit ihren großen Schritt tat in den neuen Raum eines freien Nachdenkens.

In der Geschichte des Volkes, von dem das Alte Testament der Bibel berichtet, ereigneten sich in jener Zeit eine militärische Niederlage und ein politischer Zusammenbruch, der bis an den Rand der Auslöschung aller Spuren von jenen Menschen rund um Jerusalem ging. Der äußere Zusammenbruch ging einher mit dem fast völligen Verlust alles bisher Geglaubten und Bewährten. Aber in eben jener Zeit des unausdenkbaren Elends geschah ein Wandel im Glauben und im Denken jenes Volkes, der den jüdischen Geist für Jahrtausende geprägt und unverwechselbar gemacht und ihm sein unvergleichliches Stehvermögen durch die langen Zeiträume bis zum heutigen Tag verliehen hat.

*

Nach dem Bild, das jenes Volk des 6. Jahrhunderts sich von seiner Herkunft machte, waren wohl tausend Jahre vergangen, seit Abraham als Angehöriger eines kleinen Nomadenclans vom unteren Euphrat ins nördliche Syrien gewandert sein und schließlich in der Gegend südlich Jerusalems gesiedelt haben soll. Sechshundert Jahre war es her, seit Mose die Nachkommen Abrahams aus ihrer Sklaverei in Ägypten führte und sie im damaligen Kanaan neu sesshaft machte. Vierhundert Jahre waren seit David vergangen, der das israelitische Großreich aufgerichtet hatte, das von Damaskus bis zum Sinai reichte, vom Mittelmeer bis ins Bergland von Amman. Danach war es in zwei Teile zerfallen, das nördliche Israel und das südliche Juda. Mit dem Aufkommen der kriegerischen Großmacht Assur im heutigen Irak aber war beider Ende abzusehen. Im 8. Jahrhundert vor Christus ging das Reich Israel unter ihren Schlägen zugrunde. Hundert Jahre später war auch das südliche Juda mit seiner Hauptstadt Jerusalem verbrannte Erde, nachdem an die Stelle der bisherigen erobernden

Macht Assur die ebenso gewalttätige Macht Babylon getreten war, und die Menschen jenes kleinen Volkes waren auf dem Weg ins Exil nach Babylon.

Alles, was ihnen die Gewähr zu sein schien dafür, dass sie überleben würden, war zugrunde gegangen. Das Land war verloren. Die heilige Stadt zerstört. Der König gefangen. Die Propheten stumm. Der Tempel in Asche. Die Gottesdienste ausgelöscht. Die heilige Lade mit den Tafeln des Gesetzes zerbrochen und verbrannt. Niemand konnte wissen, ob dieses Volk, dessen Mittel- und Oberschicht gefangen ins Zweistromland weggetrieben worden war, jemals wieder Jahre der Blüte zählen würde.

In jenem 6. Jahrhundert vollzog sich aber nun der alles prägende Durchbruch im Denken Israels. Im Grunde waren die sechs Jahrhunderte zwischen Mose und der Zerstörung Jerusalems Zeiten der Vorbereitung gewesen. Im Grunde war Gott für Israel bis zu diesem Zeitpunkt immer Lokal- oder Stammesgott gewesen, Gott neben anderen Göttern. Der Durchbruch zur Erkenntnis des einen, universalen Gottes geschah in der Elendszeit der Gefangenschaft in

Babylon. Im Grunde war die Welt für Israel bis dahin wie für alle anderen Völker des Nahen Ostens der Kampfplatz zwischen den lichten Himmelsgöttern und den chaotischen Urmächten der Tiefe gewesen. Dass die Welt ohne Kampf aus dem klaren Geist Gottes hervorgegangen sei, dass sie gut sei und bewohnbar, das wurde damals entdeckt. Dass die Geschichte der Menschen und der Völker von diesem einen Gott gefügt und gesteuert sei, dass der Mensch beteiligt sei an der Gestaltung seiner geschichtlichen Zukunft, wurde damals gefunden. Dass der Mensch frei sei und mit seiner Freiheit auf einen verlässlichen Gott hingeordnet, trat damals als neue Einsicht ins Bewusstsein. Dass man sich also dieser Welt und diesem Dasein anvertrauen dürfe, dass man das wagen könne, was wir bis heute unter dem Glauben freier, nachdenkender Menschen verstehen, war eine der grundlegenden Erfahrungen jener Zeit. Israel tat damals – man kann es nicht treffender sagen – in der Tat den entscheidenden Schritt über die Schwelle zwischen einer vergangenen Sicht der Welt und einer neuen. Der größere Teil der Schriften des Alten Testaments wurde in jener Zeit geschrieben. Es sind insgesamt Dokumente, die zu den großartigsten der Geistesgeschichte zählen, die von ihrer Bedeutung und dem Gewicht ihrer Gedanken in mehr als zwei Jahrtausenden nichts verloren haben und denen das Judentum ebenso wie das Christentum wie der Islam bis heute ihre Grundlagen verdanken.

Ein Volk, in die Verbannung in einem fremden Land vertrieben, rechtlos, wurzellos, zukunftslos, mit Gott und der eigenen Geschichte zerfallen, angefüllt mit Angst, mit Hass und Bitterkeit, ohne jede Gewissheit, erlebt einen geistigen Neuanfang, der bis heute modellhaft die Art und Weise zeigt, wie überhaupt Neuanfänge vor sich gehen. Es erlebt die Zeit seiner tiefsten Verzweiflung als Sternstunde seiner Geschichte. Es schafft einen Aufbruch, wie er so eindrucksvoll und so elementar in der Weltgeschichte nicht häufig vorkommt.

*

Ich will nicht annehmen, bei unserer heutigen Gegenwart handle es sich um eine Art neuer Schwellenzeit. Das hieße überschätzen, was sich heute abspielt und was heute neu zu finden wäre. Aber diese Zeit verlangt deutlich, dass wir Christen neu verstehen, wer wir eigentlich selbst seien und was uns mitgegeben sei. Sie fordert von uns, einen Punkt zu finden, von dem aus wir aufbrechen können zu einer neuen Bewegung, wenn nämlich wir durchhalten wollen, was die Zukunft uns abverlangen wird. Sie fordert ja, Überliefertes neu zu deuten. Neu die Quellen zu entdecken, aus denen wir leben. Und dabei die Kraft zu gewinnen, das Alte zu bewahren und es mit dem Neuen zu verbinden, wie es jenes gefangene Volk vermocht hat. Mir will scheinen, die Zeichen dafür stünden besser, als es uns manchmal scheinen will.

*

In jener Gegend der Welt, wo sich all dies abgespielt hat, in der syrischen Wüste und dem Land zwischen Euphrat und Tigris, bin ich oft zu Fuß über den harten Boden glühend heißer Landstriche, durch Palmenwälder oder den grundlosen Lehm der Äcker und der Dörfer gewandert und habe mir selbst vorerzählt, was von hier berichtet ist. Was ich mir da erzählte, stammte teils aus den alten Mythen der Syrer, der Sumerer oder der Babylonier, teils aus der Bibel. Ich habe versucht, mich in die Zeiten zu versetzen, in denen hier die älteste Hochkultur der Menschheit heranwuchs zu ihrer wunderbaren Höhe oder die endlosen Kriege stattfanden zwischen den wandernden Völkern und den sesshaften Staaten. In denen hier ein Mann namens Abraham gewandert sein oder ganze Teile eines Volks, der Juden, gefangen gelebt haben sollen. Ich sah die lehmbraunen Gestalten der Bauern oder das selbstbewusste Auftreten der vorbeiziehenden Nomaden und habe versucht, in ihnen die wiederzuerkennen, von denen die Bibel erzählt. Und wenn ich durch die Ziegeleien des Irak ging, wo die achtzigjährigen Männer noch die Loren über die Geleise schieben und die achtjährigen Kinder auf Eselkarren die Ziegel transportieren, dann stand vor mir immer auch das Bild der deportierten Judäer im 6. Jahrhundert vor Christus, die hier fünfzig Jahre zubrachten.

Durch zwanzig Jahre hin war ich hier auf der Suche nach dem tatsächlichen geschichtlichen Hintergrund biblischer Berichte, zwischen Assuan und Ankara, dem Jemen und Persepolis, und mir wurde deutlich, dass hier religiöse Erfahrungen von großer Tiefe vorliegen, die für uns späte Abendländer ungemein wichtig werden könnten. Wir sollten diese Gedanken bei

unserer zunehmenden Fremdheit gegenüber unserer eigenen Geschichte einmal und immer wieder durchwandern, wollen wir mit den wirren Tagesfragen, die unsere heutige Welt stellt, einigermaßen zurechtkommen. Denn

wir leben nicht in einem luftleeren Raum. Wir sind in der Tiefe unserer Seele geprägt von dem, was vor uns gewesen ist und was vor uns gedacht und erfahren wurde. Hier liegen viele unserer Wurzeln und wir könnten aus ihnen

Kraft gewinnen, Verstehen und Zuversicht. Als ich ungefähr alle Wege abgegangen war, die in der Bibel geschildert werden, hatte ich den Eindruck, die Menschen vor zwei- und dreitausend Jahren hätten die gleichen Fragen gestellt, die wir stellen. Vor allem täte uns, was sie als ihre Antworten fanden, als eine starke Hilfe zur Orientierung auf dem Weg zu unseren eigenen Entscheidungen not.

Was wir aus jenen alten Geschichten wissen können, steht in unzähligen breiten Zusammenhängen, über die wir nichts wissen. Ich habe mir darum ein Spiel ausgedacht, ein Spiel

mit Geschichten, Fakten, Bildern, Dokumenten und meiner eigenen Phantasie. Ein Spiel der Einfälle und der Verknüpfungen, und das im Vertrauen, dass Ein-fälle ein-fallen und dass das behutsame, achtsame Spiel auch mit dem Geist Gottes und mit der Erleuchtung un-

seres Herzens und Geistes zu tun haben kann. Ich will darauf achten, dass immer deutlich bleibt, was wir wissen und was die Figuren auf meiner Bühne darüber hinaus zu unserem Verständnis spielen.

# 5. Wüstenlandschaft der Seele

Wenn sie nun am Kanal Kebar saßen, der heute Satt-en-nil heißt, waren alle die Gruppen und Parteien noch gegenwärtig, die vor der Katastrophe in Jerusalem das Sagen gehabt hatten. Da waren die Königstreuen, die ihrem Traum weiter nachträumten. Die Nationalisten, die bis zuletzt am Widerstand und ihrem Glauben an den Endsieg festgehalten hatten. Die Priester, die das Kriegshandwerk gestützt hatten. Die Anhänger des Jeremia, die das Festhalten am vergangenen Glanz ihres Staates als die eigentliche Quelle des Unheils ansahen. Die reichen Großgrundbesitzer, die ihren Gütern nachtrauerten. Die Frommen, die alles Politische hassten. Die Gebildeten, die in der Geschichte ihres Landes zu Hause waren, die Atheisten, die Gegner aller religiösen Ordnungen, und die Gleichgültigen, die ihre kleine Arbeit getan hatten und sich sonst für nichts interessierten. Wir dürfen annehmen, dass die Anklagen der Einen gegen die Anderen und der Anderen gegen die Einen Tag für Tag fortgesetzt wurden: »Ihr seid schuld!« »Nein! Ihr!«

Da gab es gewiss auch einen linken und einen rechten Flügel unter den Gefangenen. Da waren rechts die Hüter der frommen Tradition. Israel, das war für sie identisch mit der alten überlieferten Geschichte von Abraham, Isaak und Jakob, von Mose und Aaron, von Saul und David. Israel, das waren der Tempel und die Bundeslade, die Zehn Gebote und das Bekenntnis zu Jahwe, dem Gott Israels. Da waren links die ihrer Zeit und Situation gegenüber Aufgeschlossen, die sagten: Das haben wir doch alles bis zum bitteren Ende durchlitten! Das haben wir doch hinter uns, zu meinen, wir seien das auserwählte Volk, unser Gott sei der mächtigste Gott des Himmels und der Erde, zu meinen, im Tempel von Jerusalem sei der Bundesgenosse Israels gegenwärtig, und darum könne uns nichts geschehen! Wir leben doch, zum Glück, nicht mehr in der Provinz. Babylon ist größer, ist reicher. Es hat die stärkeren Götter, das heißt das überlegenere Staatsbewusstsein. Und vor allem: Es hat die Zukunft.

Hätten nun die Leute aus Judäa nur diesen Gegensatz von Tradition und Modernismus hervorgebracht, Israel wäre nach wenigen Jahrzehnten aus der Geschichte verschwunden. Die einen wären zur bedeutungslosen Sekte erstarrt, die anderen im Völker- und Kulturgemisch Babylons und später der Perser aufgegangen.

\*

Der Stadtpalast des Königs war immerhin hundertneunzig Meter breit und dreihundertzweiundzwanzig Meter lang, hatte fünf weite Höfe und einen Thronsaal von zweiundfünfzig Metern Länge. In ihm spielt die berühmte Geschichte von Belsazar und seinem Festmahl, die im 5. Kapitel des Buches Daniel erzählt wird, von dem frevelhaften Befehl, die heiligen Gefäße des Tempels von Jerusalem zu bringen, und von dem Gelage, bei dem die Höflinge und die Frauen aus diesen Gefäßen tranken. Da seien Finger wie von einer Menschenhand erschienen, die auf die Wand im königlichen Saal geschrieben hätten.

Hätte man ihnen nun den Rat gegeben, sich von aller Außenwelt abzusetzen und sich auf eine innere Welt zurückzuziehen, so wären sie ihrer Verzweiflung auch nicht entkommen. Denn diese innere Welt konnte nicht nur leer sein, sie konnte auch schrecklicher sein als die äußere Welt ihrer Gefangenschaft. Sie hatten einmal einen Psalm gehört, in dem es hieß:

*»Der Herr ist mein Hirte.*
*Mir wird nichts mangeln.*
*Er weidet mich auf einer grünen Aue*
*und führet mich zum frischen Wasser ...«*

Wenn sie nun ihr Heil innen suchten, dann trafen sie dort nicht auf eine grüne Aue, sondern auf eine Wüste. Fragten sie aber, warum aus der grünen Aue eine Wüste geworden war, dann stießen sie auf eine Geschichte der Schuld. Sie hatten von Gottes Willen gewusst und hatten ihn missachtet. Sie hatten an ihn, den einen Gott, geglaubt, und doch unzählige

Alles scheint mir in diesem Land aus Lehm zu bestehen. Aus ungebrannten oder gebrannten Ziegeln. Aus Menschen, die wie alles aus Erde gemacht sind.

Im Hintergrund ist der breite Komplex einer Fabrik zu sehen, die aus einem einzigen riesigen Ofen besteht. Auf seinem Dach stehen Arbeiter, die in unerträglicher Hitze dickflüssiges Erdöl in die Feuerungen schicken.

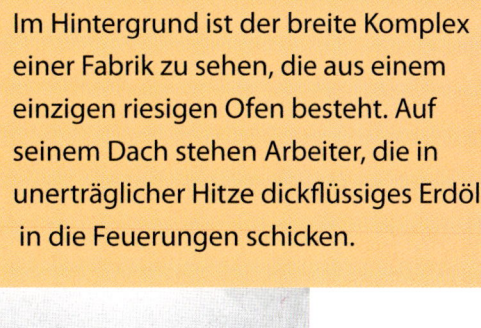

Götter verehrt. Recht und Gerechtigkeit hatte Gott gefordert, aber ihr Staatswesen in Jerusalem war das übliche System von Gewalttat und Korruption gewesen. Waisen, Witwen und Wehrlose sollten sie schützen, aber die Reichen waren nur immer reicher und die Richter nur immer ohnmächtiger geworden. Die Propheten hatten unermüdlich wiederholt, dies werde Gott sich nicht auf Dauer gefallen lassen. Nun hatten sie die Quittung.

Nun konnten sie nur noch Gottes Urteil nachvollziehen. Nun konnten sie nur noch selbst Ja sagen zu der Verdammung, die Gott ausgesprochen hatte. Sie waren ihre eigenen Richter und Kerkermeister und gaben im Grunde den Aufsehern recht, die sie schlugen.

Wenn sie ihnen aber nicht recht geben wollten, was blieb dann übrig? Dann konnten sie ihre Vergangenheit nur verdrängen, verdecken und vergessen und sagen: Wir sind nicht schuldig. Die andern waren es. Der König. Die Minister. Die Nationalisten. Die Abweichler. Die Mitläufer. Wir nicht. Mit allen Entschuldigungen aber blieben sie immer noch an ihre unselige Geschichte gebunden. Und Gott? Gott stand drohend und in unantastbarer, lastender Autorität hinter ihrem Schicksal.

Was sollte aus ihnen werden? Sie waren der Abfall der Welt. Die Bösen. Die Untergetretenen. Die Vergessenen. Sollten sie es noch einmal mit einem neuen Anlauf versuchen?

Mit einer neuen Moral? Mit einem besseren, konsequenteren Glauben? Mit Bußübungen? Sollten sie sich von der bösen, gewalttätigen Welt distanzieren, indem sie sich bemühten, rein zu sein, rein zu glauben, sich auf die Seite des Lichts zu schlagen und die Dunkelheit, das heißt das verhasste Babylon, aber zugleich auch ihre eigene Schuld und Vergangenheit, abzustoßen und unterzutreten? Und was, wenn daraus nichts wurde als eine neue Mühsal? Eine neue Last?

Was eigentlich forderte Gott von ihnen? Was eigentlich hatten sie von ihm zu halten? Was von ihm zu erwarten? Von der Rechten her meinten viele: Bewahren, was immer gegolten hat. Von der Linken her andere: Den Willen Gottes in der Situation erkennen. Aber das Weiterführende kam weder von hier noch von dort. Vielmehr geschah etwas zwischen den Meinungsblöcken, das nicht zu erwarten war.

Da muss eine dritte Gruppe aufgetreten sein. Wir kennen die Namen ihrer Begründer nicht, aber diese Leute retteten nicht nur der Menschheit den geistigen Ertrag der israelitischen Überlieferung, sondern eröffneten auch dem Judentum, seiner religiösen Kraft und seinen Gedanken, eine Geschichte von weiteren zweitausendfünfhundert Jahren und brachten zugleich auf dem Weg über das später entstehende Christentum die moderne Welt, wie wir sie heute, im einundzwanzigsten Jahrhundert, kennen, mit hervor.

# 6. Ein alter Mann erzählt

Es scheint ein Gesetz nicht nur im Leben eines Menschen, sondern auch im Leben von Völkern und Kulturen zu sein, dass große Hoffnungen dort entstehen, wo die Vergangenheit aufgegraben, wo also eine Erinnerung geweckt wird. Die Hoffenden, die Bahnbrecher, die Visionäre, die einen Weg in die Zukunft finden, sind offenbar jene, die die Erfahrung ihrer Vorfahren aus dem tiefen Brunnenschacht der Vergangenheit heraufholen, prüfen und um ihre eigene Erfahrung reicher machen. Die danach deuten können, wohin die Reise gehen soll.

Und hier beginnt nun mein Spiel. Ich stelle mir vor, was ich in jenen Ländern oft gesehen habe. Ich stelle mir die Abende vor in der weiten heißen Steppe des Zweistromlandes, an den Kanälen, wenn die Sonne den glühwarmen Lößboden noch eine Weile flach beleuchtet, ehe sie im Geflecht der Dattelpalmenwälder versinkt. Überall dort sitzen die Menschen abends vor ihren Hütten oder an den Ufern der Flüsse. Träumend oder redend. Ich stelle mir die Gebetsstätte vor, von der Hesekiel redet, irgendeinen Platz mit ein paar Palmen an einer der Wasserrinnen, an dem die Gefangenen sich trafen, wenn die Arbeit vorüber war.

Wie ihn, so stelle ich mir manchmal jene alten Erzähler vor. Gelassen ausbreitend, was sie wissen, was sie von ihren Vätern gehört haben, was ihnen selbst dazu einfiel. Gütig und barmherzig mit den Schicksalen der Menschen umgehend. Er wohnte nahe bei dem Ort, an dem wir uns den Siedlungsraum der Gefangenen vorstellen.

Und ich stelle mir einen alten Mann vor, vielleicht einen der Überlebenden von den Priestern am Tempel in Jerusalem, der dabei gelegentlich das Wort nahm. Der muss eines Tages angefangen haben zu erzählen. Geschichten von den Ureltern seines Volkes. Und wenn ich in der Bibel seine Geschichten lese, dann scheint mir, er müsse wohl einer der großen Weisen gewesen sein, die in alten Zeiten immer wieder die Erfahrung ganzer Epochen in einfachen Erzählungen zu fassen und in ihnen das Dasein der Menschen zu deuten vermochten.

Im 5. Buch Mose lesen wir: »Wenn dich dein Kind fragt, so erzähle!« Das bedeutet: Versprich dir nicht so viel davon, es zu belehren. Es zu disziplinieren. Ihm Vorschriften zu machen.

Sondern erzähle. Wenn es dich fragt, was du alles erlebt habest, dann erzähle. Wenn es fragt, wie du dies oder das bestehen konntest, dann erzähle. Wenn es fragt, was du an Bewahrungen erlebt habest, an Führungen, an Erfahrungen, dann erzähle Geschichten, in denen sich beide wiedererkennen, das Kind und der Vater oder die Mutter. Geschichten sind wie lebendige Flüsse, die durch die Generationen Erfahrung und Weisheit transportieren. Also erzähle! Du änderst als alter Mensch die Jungen nicht durch moralische Anweisung und als junger die Alten nicht durch Proteste oder Anklagen, sondern im guten Fall durch Erzählen dessen, was in alten Zeiten geschehen ist und wie es bestanden wurde, oder durch das Erzählen dessen, was als neue Einsicht und neue Willenskraft in dir, dem Jungen, erwacht. Hier entsteht der Friede zwischen den Generationen. Hier die neuen Gedanken, die Kraft, auf Neues hin gemeinsam aufzubrechen. Erzähle also alte Geschichten und erzähle von dir selbst und den Erfahrungen, die du gemacht oder von deinen Eltern oder Großeltern gehört hast.

*

Vorzeiten! Den alten Erzählern ist nicht wichtig, ob die Helden ihrer Geschichten ihre Taten vor hundert oder tausend oder dreitausend Jahren vollbrachten. Vorzeiten also, so mag er eines Abends mit seinen Geschichten begonnen haben. Vorzeiten hat die Geschichte eurer Vorfahren nicht weit von hier ihren Anfang genommen. Wenn die Luft klar ist und ihr auf einen der Hügel steigt, könnt ihr die große Zikkurat sehen, den mächtigen Stufenturm, das Heiligtum des Gottes von Ur. Wenn ihr ein paar Stunden zu Fuß geht, seid ihr dort, wo vorzeiten eine Familie lebte mit den Namen Terach, Nahor, Lot, Sara, Abraham und wie sie alle hießen. Die Familie verließ eines Tages dieses Land und wanderte den langen, einsamen Karawanenweg nach Nordwesten, den Euphrat entlang, an Babylon und an der alten Königsstadt Mari vorbei, bis in die syrische Wüste nach Haran. Dort ließ sie sich nieder und lebte einige Jahre lang mit ihren Herden.

Und dort hörte eines Tages Abraham Gott sprechen: Verlass deine Familie und den Clan deines Vaters. Ich will dir ein Land zeigen, eine neue Heimat für dich und deine Nachkommen. Und die Leute Abrahams brachen auf und zogen weiter nach Kanaan, bis in die Gegend von Jerusalem. Ihr kennt den Weg, ihr selbst seid ihn unter den Stöcken der Babylonier hierher getrieben worden. Abraham freilich ging als freier Mann in die umgekehrte Richtung und gelangte in das Land, das eure Heimat ist. Die Straße ist noch da. Sie ist immer noch offen. Es mag sein, dass Abrahams Wanderung eines Tages zu der euren wird, dass ihr sozusagen hinter eurem Urvater hergeht und wieder nach Hause kommt.

Aber mir scheint, jener Erzähler werde wohl diesem Juden, der hier vor der Klagemauer steht, ähnlicher sein als dem vorigen. Unerbittlich nachfragend, was denn geschehen sei, wo die Gründe gelegen hätten, wie das Unheil zu deuten und was die Wahrheit sei, die es für die gegenwärtige Stunde ans Licht bringe.

Erzähl weiter, baten sie ihn. Und er erzählte: Es war lange vor Abraham. Da lebte hier im Zweistromland ein Mann namens Noah. Als die große Flut kam, von der auch die Babylonier erzählen, hörte Noah als einziger eine Stimme, die ihm sagte: Mach dir einen Kasten aus Holz, damit du mit deiner Familie überlebst. Eine Flut wird kommen. Und die Flut kam. Als aber die Flut sich verlaufen hatte über einem verwüsteten Land voll von Toten, hörte er wieder eine Stimme: Ich habe noch Leben für dich und deine Kinder. Die Flut soll nicht wiederkehren. Ich gebe dir ein Zeichen: Meinen Regenbogen setze ich in die Wolken als Zeichen des Schutzes, den ich der Erde gewähre. Und die Hörer am Wasser begriffen, dass der Alte von jener Katastrophe sprach, der sie eben entronnen waren, und dass die Zusage: Ich habe noch Leben für euch, ihnen galt, den Überlebenden, dem Strandgut aus dem großen Untergang.

\*

Erzähl weiter!, baten sie ihn. Und er fuhr fort, vielleicht an einem anderen Abend: Wir stehen hier im nassen Lehm und formen Ziegel. Immer die gleichen Tag für Tag. Aber das ist ja nicht das erste Mal, dass das unserem Volk widerfährt. Denkt zurück. Vorzeiten flüchteten unsere Vorfahren vor einer Hungersnot nach Ägypten, dem Land am Nil. Dann lebten sie ein paar Generationen lang als freie Bauern und Hirten in dem Land.

Schließlich aber wurden sie zu Sklaven gemacht und hatten für den König von Ägypten Ziegel zu brennen und Festungen zu bauen. Ihre Freiheit war verloren, und es gab keine Aussicht auf Rettung. Aber da empfing Mose eine Weisung von Gott: Sammle dein Volk und führe es aus diesem Land der Sklaverei. Und Mose tat es. Sie wateten danach miteinander durch den flachen See an der Grenze zur Wüste und gelangten in die Freiheit. Ihre Wanderung war lang und mühsam, aber schließlich fanden sie zurück in ihr Land. Niemand, der in Pithom oder Ramses unter den Prügelmeistern der Ägypter Ziegel formte, hätte sich ausdenken können, dass etwas dieser Art geschehen könnte. Wenn wir wach bleiben hier in Babylon, dann können wir vielleicht doch eines Tages hören, dass einer im Namen Gottes aufsteht und ruft: Steht auf! Macht euch reisefertig! Wir gehen nach Jerusalem!

*

Erzähl weiter, baten sie ihn. Und er erzählte vom Anfang der Welt, von der Erschaffung des Himmels und der Erde aus dem Wort des einen Gottes. Er erzählte die alten Geschichten nach, die vierhundert Jahre zuvor schon die fleißigen Schreiber am Hof des Königs Salomo auf das grobe Papyruspapier gekritzelt hatten und die bereits viele Jahrhunderte früher an den Lagerfeuern der Hirten und bei den Festen der Nomaden von Mund zu Mund gegangen waren. Aber er erzählte sie neu. Er fügte ganz Anderes, Neues, hinzu. Er verwandelte sie so, dass die müden, hoffnungslosen Vertriebenen in den Hütten bei Nippur und am Kanal sie verstehen konnten. Er verwandelte sie in ein Bekenntnis zu dem Gott Israels, der auch in dieser Gefangenschaft noch bei seinem Volk war, größer, stärker und gegenwärtiger als alle die mächtigen Götter in den Tempeln und auf den gewaltigen Stufentürmen dieses Landes. Er erzählte die Geschichte der Weltschöpfung, und er zeigte ihnen den Gott, der die Welt aus sich heraus gesprochen hatte und der in dieser Welt noch immer allein das Sagen habe.

\*

Der Mann, der den müden Zuhörern am Kanal Kebar seine Geschichten erzählte, wusste, dass das Singen und Sagen von Generation zu Generation kein Luxus ist, sondern eine Quelle von Zuversicht, von Impulsen für die Zukunft.

Was der alte Priester und vielleicht andere mit ihm erzählten, haben Spätere aufgeschrieben, vielleicht noch während der Gefangenschaft in Babylon, vielleicht auch erst nach der Rückkehr in die Heimat. Sie schrieben die neuen Geschichten so mit den alten, den schon schriftlich überlieferten, zusammen, dass am Ende eine neue, große Erzählung entstand.

Aber die frühe Erzählung wurde dabei nicht gelöscht, sie blieb mitten in der neuen erhalten. Was man gelegentlich die »Widersprüche in der Bibel« nennt und was ihr angeblich ihre Glaubwürdigkeit nimmt, das ist nichts anderes als der Erkenntnisweg, den dieses Volk in den verschiedenen Ausformungen seiner Erzählungen und Berichte gegangen ist.

Lesen wir heute die Bibel, so geschieht mit uns und durch uns Ähnliches. Wir lesen Geschichten aus sehr weit zurückliegenden Zeiten. Wir lesen sie als Menschen unserer eigenen Epoche mit ihren eigenen und durchaus anderen Erfahrungen und Aufgaben. Und im Lesen geschieht es, dass uns plötzlich aufgeht: Das ist ja unsere Geschichte! Nein, es ist nicht unsere. Die unsere verläuft hier und dort, an diesem und jenem Punkt, anders.

Wir hören, was Menschen einer vergangenen Zeit gehört haben, und zwar als ein Wort von Gott, das sie traf, das sie tröstete, das ihnen ein Ziel zeigte, einen Weg, das sie freier machte und ihnen Mut gab. Und wir hören, indem wir die Geschichte lesen und unsere eigene Situation in ihr spiegeln, dasselbe Wort Gottes. Nein, nicht dasselbe, wir empfinden: Dies und dies sagt Gott uns mit anderen Worten; dies und dies gilt für uns noch entscheidender als für die Menschen damals. Dies und dies gilt für uns anders als für sie.

Das bedeutet, dass nicht alle Geschichten der Bibel zu jeder Epoche mit gleicher Intensität sprechen. Die Geschichte von Jona und dem großen Fisch mag man vor hundert Jahren ratlos betrachtet und mit Verlegenheit gelesen haben. Heute ist sie eine der großen Chiffren, in denen eine ganze Epoche sich wiedererkennen könnte. Die Schöpfungsgeschichte von 1. Mose 1 war lange Zeit die Verlegenheit einer den wissenschaftlichen Verstand verehrenden Christenheit. Heute enthält sie eine der großen Botschaften, von denen unsere Zukunft abhängt.

Wenn wir heute die Bibel lesen, steht uns einerseits der Weg des Fragens offen. Wir kommen von unseren Problemen her und fragen: Ist in diesem Buch eine Antwort, eine befreiende

Lösung? Und wir werden, vielleicht auf langen Umwegen, plötzlich einem Wort begegnen, das uns wie ein Blitz trifft. Wir können andererseits auch den Weg des Schweigens gehen. Wir wandern sozusagen horchend durch die Landschaft dieses Buches, schauend durch alle seine Bilder, und bitten den Gott, der hier spricht, er

möge unser Leben formen. Er möge ihm seine Gestalt geben. Und wir erkennen nach einiger Zeit, dass wir nicht nur in der Bibel »zu Hause sind«, dass uns vielmehr in der Bibel jenes große Zuhause offen steht, in dem unser Dasein ohnedies seinen Ort hat.

Und das gilt auch für die lange Geschichte, in der die Kirchen diese Geschichten gelesen und jeweils für die Menschen ihrer Zeit ausgesagt haben. Sie fanden einmal etwas, das sie traf, das sie anging, und legten die Geschichte nach ihrer Erkenntnis neu aus. Ein anderes Mal fanden sie in derselben Geschichte etwas ganz anderes, und wieder legten sie aus, was sie sahen, in der Weise, wie es zu ihrem Geist, zu ihrem Herzen und Gewissen sprach.

Das ist kein Unglück, sondern eine Folge von Erkenntnisschritten, die die Ausleger in- und außerhalb unserer Kirchen anhand der alten Geschichten getan haben. Und so haben Gestalten und Geschichten der Bibel die Gedankenwelt Europas so nachhaltig bestimmt, dass auch die Geschichte jener Leute von Babylon, im Abendland tausend und tausend Mal erzählt, durch ihre immer neue und andere Auslegung zu einem Stück unserer eigenen Herkunft geworden ist.

Der Weg in die Vergangenheit ist nur äußerlich ein Weg in eine fremde Zeit und eine fremde Welt. Denn was früher war, lebt in uns selbst, und die Überlieferungen der Menschen gehen nur zum Teil an der Oberfläche der Geschichte hin, zum größeren Teil aber gehen sie den Weg durch das Unterbewusste der Menschen, durch die Träume und die Bilder, die in der Tiefe der Seele leben. Wir brauchen sie nur aufzurufen, diese Bilder, und finden in der scheinbar fernen Geschichte plötzlich uns selbst. Die Vergangenheit ist nicht vergangen. Sie lebt in uns. Und wir selber wären nichts ohne die Vergangenheit der Menschengeschichte. So ist die Welt nicht nur außen, sondern auch innen, und unsere Seele ist ein Teil der Welt.

## II.

## Wer hat in dieser Welt das Sagen?

# 7. Irgendwer hat diese Welt verschuldet

An den Abenden also saß der alte Mann mit seinen Leidensgenossen zusammen und erzählte. Aber er redete nur dem äußeren Anschein nach von einer vergangenen Zeit. Er führte sie in die Landschaft ihrer eigenen Seele.

> Der Urdrache, den Babylons Stadtgott Marduk überwunden hat, steht bis heute sozusagen als Wappentier der Babylonier am Ischtartor auf dem Ruinengelände der alten Stadt.

Eines Tages feierten die Babylonier ihr Neujahrsfest. Sieben Tage lang dauerten ihre Gottesdienste und die Prozessionen. Auf Wagen fuhren sie die Statuen ihrer Götter in einem prachtvollen Demonstrationszug durch die Stadt. Die Arbeit ruhte, und die Judäer saßen an ihrem Kanalufer, tief verwirrt durch die Herrlichkeit der religiösen Welt der babylonischen Heiligtümer, ihrer Götter und Göttergeschichten und ihrer unangefochtenen Macht. Ihr eigenes Land hatten sie verloren, ihre viel kleinere Stadt, ihren viel bescheideneren Tempel, nun wurde ihnen auch ihre eigene und viel weniger prächtige Religion plötzlich ungewiss.

»Wie ist denn das?«, so fragten sie den Alten an einem jener Tage. »Was ist denn wahr?«

»Wer hat denn in dieser Welt etwas zu sagen? Ist das der mächtige Marduk oder unser besiegter Jahwe?«

Irgend jemand unter ihren Arbeitskollegen oder Nachbarn hatte ihnen den einen oder anderen der heiligen Texte übersetzt, die die babylonischen Priester am zentralen Heiligtum, dem Esagila, deklamierten. Da war eine Schöpfungsgeschichte dabei gewesen, das »Enuma Elisch«, mit dem die Babylonier am Beginn eines neuen Jahres der Weltschöpfung gedachten. Die Entstehung der Welt begann so:

*»Als droben der Himmel nicht war,*
*drunten das Urwasser nicht –*
*als Apsu, der Urgott, der Erzeuger,*
*und Tiamat, die Gebärerin von allem,*
*ihr Wasser in eins mischten,*
*als das Strauchwerk noch nicht sich erhob,*
*Rohrdickicht nicht zu sehen war,*
*als die Götter nicht lebten, niemand,*
*kein Schicksal ihnen bestimmt war,*
*da wurden die Götter zwischen Apsu*
*und Tiamat geschaffen ...«*

Diese Schöpfungsgeschichte schilderte die Entstehung geistiger Kräfte, lebendiger Wesen und schließlich des schöpferischen Menschen in einem gewaltigen Urkampf zwischen den entstehenden Göttern und gedachte dabei der Jugend des Marduk, des Stadt- und Reichsgottes von Babylon, der die Macht dieses Staates schon immer garantierte.

»Wie ist das?«, fragten sie. »Wer steht eigentlich hinter diesem Staat?« »Von wem eigentlich sind wir hier abhängig? Von Jahwe? Von Marduk?« »Wer hat diesen Staat gemacht? Und uns? Und unser Schicksal?«

*Marduk*

Und sie fragten weiter: »Wie sollen wir uns eigentlich auf die Dauer verhalten? Ist es nicht besser, mitzufeiern, die Gesänge auf Marduk mitzusingen, als hier, in dieser leeren Steppe, trostlos und untätig, der Sinnlosigkeit unserer Tage nachzuhängen?«

Der alte Mann ging darauf ein: »Natürlich, das ist wahr. Die Babylonier feiern heute und die ganze Woche hindurch die Macht ihrer Götter. Aber wollt ihr sie verehren? Eure Zwingherrn? Ihnen das Recht zusprechen, euch zu versklaven? Ich will euch eine andere Geschichte erzählen als diese. Ihr werdet selbst merken, wie töricht die babylonische Geschichte sich dagegen anhört.«

Und er erzählte die Schöpfungsgeschichte, die wir im ersten Kapitel der Bibel lesen, zum erstenmal jenen Menschen an den Lehmufern des Kanals Kebar in Babylon. Er erzählte sie als die große Geschichte von jenem Gott, in dessen Hand Licht und Finsternis sind, in dessen Hand die Sterne und der Himmel und die Erde, in dessen Hand Tiere und Pflanzen und die Menschen sind, und von einem Tag dieser Schöpfungsgeschichte zum anderen ging ein Aufatmen durch den Ring der Zuhörer, und es fiel wie eine Last von ihnen ab: Sie begriffen, dass sie nicht vom Zufall und nicht von Bosheit abhängig waren, nicht von Gewalt und nicht von Rachsucht der Menschen, nicht einmal von ihrer eigenen religiösen Leistung oder von ihrer religiösen Geschichte. Sondern dass sie freie Menschen seien, geschaffen und berufen von dem einen, großen, umfassenden Gott, dessen Wahrheit ihnen gerade in ihrer tiefen Verzweiflung aufgehen sollte.

Die Stufentürme des Landes an Euphrat und Tigris haben den Sinn, Himmel und Erde zu verbinden. Über bis zu sieben Stufen erhoben sie sich über dem flachen Land. Eine Treppe führte von unten bis zur Spitze. Über diese gehen die Priester, wenn sie Gott nahe sein wollen. Über sie kommen die Engel von oben herab zu den Tempeln, die an ihrem Fuß stehen und wo die Priester die Weisungen ihres Gottes empfangen. Die »Himmelstreppe« des Jakob war der Traum von einer solchen Stufenpyramide, einer »Zikkurat«.

*Zeichnung: Der Nanatempel in Ur*

# 8. Die Schöpfungsgeschichte ist eine Kampfansage

Der alte Mann gab ein kleines Zeichen mit der Hand, und als es still war in der Runde, begann er:

»Ich will euch nicht die alte Geschichte von Adam und Eva erzählen. Die hat man euch zu Hause nahegebracht. Aber das ist eine Geschichte, die wichtig war für die Auseinandersetzung in der Heimat zwischen Jahwe und Baal, Jahwe und Aschera, der Fruchtbarkeitsgöttin. Ich will die Entstehung der Welt und ihre Geschichte so erzählen, wie sie für uns, hier in Babylon, lauten muss. Wie sie lauten muss, wenn wir heute nachdenken. Wenn uns Gott heute unsere Gedanken öffnet.

Am Anfang«, so begann er, »schuf Gott den Himmel und die Erde. Nicht der Stadtgott von Babylon erschuf die Welt, nicht aus dem Wasser der Quellen entstand sie, wie die Babylonier behaupten, aus dem süßen Wasser des Gottes Apsu. Nicht aus dem großen Salzmeer, dem Ozean, erhob sie sich, die sie Tiamat nennen. Nicht aus dem Urschlamm und der Erde, den Kindern von Apsu und Tiamat, nicht von Ansar und Kisar, dem Himmel und der Erde, nicht von ihrem Sohn, dem Himmelsgott An oder von dessen Sohn Enki. Auch nicht von Marduk, dem Stadtgott von Babylon, der die Welt im Kampf gegen das Chaos gewonnen

haben soll, indem er Tiamat besiegte, den Drachen der Unterwelt, und aus ihrem Körper die Welt formte.

Nicht Naturkräfte oder Naturelemente waren es, nicht personifizierte Energien, nein, im Anfang schuf Gott, der eine Gott, den Himmel und die Erde. Nichts und niemand war vor ihm, kein Gott, kein Chaos. Keine Urmutter Ninchursanga. Kein Sonnen- oder Mondgott. Kein Herr des Sturms und der Lüfte namens Enlil. Sein Geist war das Erste und Alleinschaffende. Wenn die Babylonier sagen: Am Anfang sei eine dunkle Tiefe gewesen, über der die lichte Welt der babylonischen Götter gewesen sei, dann gehören wir Gefangenen zu der dunklen Tiefe, die der lichte Gott Marduk besiegt hat. Nein, Gott allein, der eine, schuf am Anfang Himmel und Erde.«

Der erste Satz der Bibel ist der erste Satz, mit dem Menschen sich zu dem einen Gott bekannten.

Am Anfang war ein tiefes, dunkles Schweigen. In dieses Schweigen hinein sprach Gott ein Wort. Sein Atem, seine Stimme schuf die Welt. Er sprach: Es werde Licht! Er wollte eine Welt, die in sich eins und ganz und klar war und nicht zerspalten zwischen den Macht-

Der syrische Hauptgott Baal tritt hier als Weltschöpfer auf. Mit der linken Hand packt er das Untier, die Urschlange oder den Urdrachen am Hals. Die rechte Hand hält ein Beil, mit dem er dem Drachen, wie die Bibel von Gott sagt, »den Kopf zerschmettern« wird. Die Wasserlinie hinter seinem Rücken zeigt an, er sei hier der im Meer herrschenden Gottheit entgegengetreten. Er hat etwas Stierartiges an sich, wie die Hörner zeigen, die vor seiner Stirn stehen.

bereichen eines Drachen und Gottes. Er wollte eine Welt, die klar und licht sein sollte bis auf den Grund. Und so kam das Licht und leuchtete die letzte Tiefe aus. Und Gott sah, dass das Licht gut war. Gott will also, dass das Licht auch zu uns kommt, die wir im Dunkeln sitzen, umschlossen von Feinden. Ja mehr, dass wir selbst ein Licht werden, das in dieser Welt leuchtet und seine Klarheit spiegelt. Licht und Finsternis heißen hierzulande Marduk und Tiamat. Aber Gott gab ihnen einfache Namen.

Er nannte das Licht Tag und die Finsternis Nacht. Das geschah am ersten Tag. Und dieser Tag ist heute. Wenn Gott will, dass es für uns Tag wird, dann wird es Tag.

Wenn wir selbst Finsternis sind, zerschlägt uns Gott nicht, sondern sendet sein Licht, tröstet uns, hört unsere Klagen, gibt uns Freiheit, zeigt uns einen Weg, den wir bei Tag und bei Nacht gehen können.

Die Göttin Inanna heißt auch das »Licht des Himmels«. Aber das wirkliche Licht ist er selbst, der eine Gott.

*

Danach erhob sich ein zweiter Tag. Und Gott sprach: Ein Gewölbe soll entstehen zwischen den Wassern und sie trennen. Und er zog ein Gewölbe ein über der Erde, schied das Wasser unter dem Gewölbe von dem Wasser über dem Gewölbe und nannte das Gewölbe Himmel.

Es gibt Völker, die meinen, das Gewölbe des Himmels sei eine große Frau, eine Göttin, eine Mutter, die sich über die Erde beugt. Aber es ist eine schlichte Kristallschale. Über ihr ist nicht der Palast der Götter, sondern eine Art großer Ozean, den wir durch die Kristallschale hindurch sehen. Darum ist der Himmel blau. Wasser ist oben, Wasser ist unten, dazwischen ist die Luft mit den Wolken. Wenn ihr kritischer über die Welt nachdenken wollt als die Babylonier, dann könnt ihr sagen: Das Wasser ist kein Gott, sondern schlichtes Wasser. Aber das ist nur die halbe Wahrheit. Denn das Wasser ist nicht nur Werk, sondern auch Ort Gottes, Ort seiner Gegenwart. Es ist Gott selbst in seinem Werk. Wer das Wasser sieht, steht vor dem geheimnisreichen Gott.

Und Gott sprach weiter: Es sammle sich das Wasser unter dem Himmel an besonderen Orten, so dass man trockenes Land sieht. Und es geschah so. Gott nannte das Trockene Erde,

El, der Hauptgott und Göttervater der Syrer, wie er im ganzen Raum zwischen Babylon und Ägypten verehrt wurde. So ähnlich muss wohl auch Abraham sich den Gott vorgestellt haben, den er bei Nacht, im Traum oder aus den Sternen sprechend erlebte.

die große Wasserfläche nannte er Meer, und er sah, dass es gut war. Er nannte das Wasser nicht den Großen Richter und die Erde nicht die Große Mutter. Er gab ihnen ganz einfach die Namen Meer und Land. Aber wenn ihr sagt: Sie sind nur Meer und Land, dann habt ihr nur die halbe Wahrheit. Denn Meer und Land sind nicht nur Geschöpfe dieses Gottes, sondern auch sein Ort. Wer durchs Meer geht, wer über das Land wandert, ist in Gott.

Ihr erinnert euch, wie eure Väter durchs Meer zogen und das Meer einen Weg freigab. Das ist ein Geheimnis. Gewiss, das Meer ist schlichtes Wasser. Aber es ist mehr, und Gott ist im Meer, er ist über dem Meer, und das Meer ist sein Kleid oder sein Werkzeug. Nehmt Gott weg, und das Meer ist nicht mehr das große Wasser, es versinkt ins Nichts.

Das Wasser ist kein Gott. Die Babylonier brauchen zwei Götter, um zu sagen, was das Wasser sei. Sie brauchen einen Gott für das Wasser, das aus Quellen und Flüssen kommt und die

Ninchursanga, die Urgöttin der Sumerer, die Herrin des Erdberges, segnet stehend, schmal wie der Stamm eines Baumes, die vor ihr stehenden Menschen. Sie ist flankiert von zwei Elementarwesen, halb Tieren, halb Menschen, mit Stierfüßen und Götterkronen, die die Palmen schützend berühren. Ihnen ist offenbar die Pflege dieser der Göttin zugehörenden Bäume anvertraut. Wir sehen hier eines von ihnen. Die Dattelpalme war für die Völker des Zweistromlandes ein Zeichen weiblicher Fruchtbarkeit ebenso wie der Fruchtbarkeit der Erde.

Erde fruchtbar macht, und einen Gott für das Urmeer, das Salzwasser im Ozean. Nein, wir brauchen nur einen Gott, um zu beschreiben, wie der Lebensraum beschaffen ist, in dem wir Menschen unser Leben führen.

Und wenn sie die Weltschöpfung beschreiben wollen, dann müssen sie einen Gott erfinden, der der stärkste von allen gewesen sei, einen jüngeren Gott, einen göttlichen Helden, den Marduk. Wozu? Gott braucht weder Helfer, noch braucht er einen Kampf, noch braucht er einen Sieg, noch braucht er Material, aus dem er die Erde machen könnte, er braucht nur ein Wort zu sagen, und es entsteht alles, was er will. Aber die Großmacht Babylon braucht einen solchen Helden, weil sie ja angetreten ist, die Völker der ganzen Welt zu unterwerfen. Das ist nicht unsere Aufgabe, also brauchen wir auch keinen göttlichen Kriegshelden.

Nein, Himmel und Erde, Wasser oben und Wasser unten, dazwischen Luft und Wind, sind als Elemente unserer Welt aus Gottes Sprechen hervorgegangen. Und wenn Gott will, dann schafft er uns auch einen freien Weg durch das Wasser des Euphrat, der uns den Weg in die Heimat versperrt, und wir gehen unseren Weg ungehindert, wohin Gott uns immer führen will.

*

Am dritten Tag sprach Gott: Die Erde lasse Gras und Kraut sprießen, und ein jedes von ihnen soll seinen Samen bei sich tragen. Fruchtbare Bäume sollen aufwachsen, und jeder soll in seinen Früchten den Samen tragen, aus dem neue Bäume entstehen. Gott sprach und alles entstand. So einfach ist das. Die Erde ist keineswegs die Urmutter Nammu, und der Himmel ist nicht die große Liebesgöttin Inanna, die Tochter des Mondes, deren Zeichen der Stern ist, der Venusstern, und die zugleich in dem aus nassem Schlamm aufwachsenden Schilfrohr erscheint.

Das Wasser, das Fruchtbarkeit schafft, ist vor allem nicht Enki, der für das Leben auf der Erde sorgende Gott der Quellen und der Flüsse und der sprießenden Pflanzen. Nein, Himmel und Erde, Meer und Land sind natürliche Elemente und Kräfte unserer Welt, einfache Werke Gottes, aus seinem Wort hervorgegangen. Und die Pflanzen, die aus der Erde wachsen, sind es auch. Sie alle sind unendlich schön, wunderbare Geschöpfe Gottes. Bäume wachsen auf und sterben, und an ihrer Stelle wachsen neue Bäume. Sie haben ihr Leben, wie auch die Völker auf der Erde wachsen und sterben und wie an ihrer Stelle neue, andere entstehen. Wenn uns aber scheinen will, unser Volk sei ein gefällter Baum, so kann doch aus seiner Wurzel neues Wachstum aufbrechen, es kann wachsen und in Blüte stehen. Gott hat das Gras geschaffen, die Bäume und die Völker, und wenn er will, werden auch wir wieder ein Volk sein, das aus seinem Atem, aus seinem Geist lebt. Und Gott sah, dass es gut war. So ging der dritte Tag zu Ende.

*

Am vierten Tag sah Gott das Gewölbe an, das er gemacht hatte, und sprach: Dieses Gewölbe ist noch zu dunkel. Ich will Lampen daran aufhängen. Die sollen sich nach bestimmten Ordnungen bewegen und die Erde erleuchten, und trennen zwischen Tag und Nacht und zwischen Sommer und Winter. Und er schuf die Sonne und den Mond und die Sterne und befestigte sie als Lampen am Himmel. Wenn ihr das den Babyloniern sagt, werden sie euch umbringen. Für sie ist der Mond der Mondgott Nana, und die Sonne ist für sie der Sonnengott Schamasch oder Utu. Sie als Lampen zu bezeichnen, ist für sie eine Gotteslästerung. Aber es ist so. Sonne, Mond und Sterne sind Lampen. Gott hat sie an ihren Ort gesetzt, und er begleitet sie auf ihrem Weg am Himmel hin.

In Mari, am Euphrat, grub man diese Göttin aus, deren Name unbekannt ist. Sie gehört nicht zu den obersten Göttern. Das zeigt die Tatsache, dass sie nicht drei oder vier Schlangen als Krone ums Haupt trägt, sondern nur eine. Sie trägt einen Krug, und an ihrem Gewand tummeln sich zart eingravierte Fische. Es ist wohl eine Quellnymphe oder Flussgottheit, charakteristisch für ein Land, das seine Felder künstlich mit Wasser aus Flüssen bewässern muss.

*

Wer das Licht der Sonne sieht, der schaut mit den Augen seines Geistes Gott, der das Licht ist und der das Licht gibt. Und wenn unsere Gesichter dunkel sind vor Angst und Verzweiflung, dann erheben wir sie zu Gott, von dem das Licht kommt. Ein Psalmdichter unter euren Vätern hat gesagt: »Wer sich zu Gott wendet, dessen Gesicht wird hell sein von Freude.«

*

Das war nun der vierte Schritt, den Gott tat, als er die Welt schuf. Und das haltet fest: Ihr erlebt um euch her viel Dunkelheit. Euer Leben ist wie das von Nachtwanderern, und keiner unter uns weiß, wann und ob irgendwann ein Morgen kommt. Aber schaut in den nächtlichen Himmel. Er ist voller Sterne. Wenn ihr sie seht, dann wisst ihr, wo die Richtungen des Himmels liegen und wo die Sonne aufgehen wird. Wohin ihr euch orientieren müsst, um euren nächtlichen Weg zu finden.

*

Als nun Gott am fünften Tag das Meer ansah und den Luftraum über der Erde, da rief er die Fülle des Lebendigen, und sie kamen alle ins Leben: die Walfische und die vielen Meertiere und die geflügelten und gefiederten Vögel. Und er schuf sie so, dass sie sich bewegen konnten und wachsen und sich mehren, und gab ihnen seinen Segen und seine Kraft. Und als Gott am sechsten Tag die Erde sah mit ihren Kräutern und ihren Bäumen, da wollte er auch dort

mehr Leben. Und es kamen auf seinen Ruf Tiere: Vieh, Kriechtiere, Feldtiere, die sich alle voneinander unterschieden, je nach ihren Arten. Er schuf also nicht die schaurigen Mischwesen, die man hierzulande aufstellt und verehrt als etwas besonders Göttliches: Stiere mit Menschenköpfen, Schakale mit Löwenpranken und Schlangenhälsen. Nein, ein jedes nach seiner Art. Eure Väter machten sich einen Stier und wollten damit Gott abbilden und greifbar machen. Ihr Irrtum lag nicht darin, dass sie glaubten, Gott sei im Stier. Gott ist wirklich im Stier, aber der Stier ist nicht Gott. Denn Gott wird kleiner, wenn er der Stier ist. Und er wird unendlich groß und geheimnisvoll, wenn wir verstehen, dass der Stier wie alle anderen Wesen in Gott ist und Gott im Stier wie in allen Wesen, und dass wir Gott begegnen, wo immer wir ein lebendiges Wesen ehrfürchtig ansehen. Sie wollen nicht angebetet sein. Sie sind liebenswert in ihrer Eigenheit und in ihrer Schönheit. Sie sind Wesen in Gottes Garten, der Obhut von uns Menschen anvertraut.

Und nun urteilt selbst: Wer hat in dieser Welt das Sagen? Der König von Babylon? Oder die Götter der Babylonier? Oder wer? Nein, Gott ist der einzige, der durch sein Sprechen Wirklichkeit hervorbringt. Und er hat die Macht auch über unser Schicksal. Unsere Zukunft ist in seinem bestimmenden Wort geplant und geschützt.«

*

Die Assyrer, die vor den Babyloniern im Vorderen Orient als die herrschende Macht auftraten, stellten an die Eingänge der Paläste ihrer Könige als Wächter apotropäische, das heißt Unheil abwehrende Figuren dieser Art auf. Rund drei Meter hoch, aus Stein.

Sie haben fünf Beine. Man sieht sie also mit vier Beinen schreiten, wenn man sie von der Seite ansieht, und man sieht sie auf den beiden Vorderbeinen ruhen, wenn man von vorn auf sie zutritt.

Sie gehören zur Kategorie der »Cherubim«, das heißt der halbgöttlichen Tierwesen, die in der Feuerzone zwischen der Erde und dem Raum der Götter für Abstand sorgen. In Jesaja 6 werden »Seraphim« geschaut, das heißt »Brennende«, und ihr Ruf ist der Appell zum Abstandnehmen: »Heilig, heilig, heilig ist der Herr Zebaoth.«

Der Kopf des Tieres ist der eines Menschen. Bei den Assyrern werden die Könige mit solcher Haar- und Barttracht dargestellt, so dass anzunehmen ist, der Cherub sei eine Art Schutzmacht für den König, wenn nicht mit dem König identisch.

Hinter dieser Vorstellung steht uralte, primitive Religion. Nimmt der König das Gehörn eines Tieres als Kopfschmuck, so wachsen ihm nach altem Glauben die Kräfte des Tieres zu. Schlägt er sein Fell als Mantel um die Schulter, ist er so stark wie das Tier. Die Gottheit und das Tier sind im Grunde einander näher als die Gottheit und der Mensch, und wenn der Mensch über sich hinauswachsen will, greift er nach Symbolen aus dem Reich der Tiere.

Im Grunde ist es ein Rest dieser frühen Magie, wenn noch heute die Staaten ihre Embleme aus der Kategorie der Raubtiere beziehen, wenn also Löwe, Bär, Panther, Schlange, Greif oder Adler als Symbole von Staaten dienen. Es ist zu fragen, ob wir nicht heute eine Vorstellung vom Staat erreicht haben, die es uns verbieten müsste, die Kraft und Kampftüchtigkeit eines Raubtiers zu seinem Symbol zu machen. Es gab schon bessere Zeiten: Im frühen Mittelalter war das Symbol des Deutschen Reiches der Erzengel Michael. Mir scheint, es sei ein Schritt nötig, der einer Reifung unseres Staatsbewusstseins entspräche: nämlich die Symbole aufzugeben, deren Sinn das Imponiergehabe, das Zähnefletschen und Flügelschlagen, das heißt die Identifizierung mit dem Tier, ist.

Die Stierfigur von Chorsabad hat ihr Besonderes indessen auch darin, dass sie eine Krone trägt, die nicht auf den Staat oder den König allein hinweist. Diese Krone ist sonst die Krone Marduks, des Weltschöpfers. Die Blumen oder Sonnen, die sie umziehen, deuten die kosmische Macht des in dieser Figur dargestellten Gottes. Der hier für den König steht, um ihn zu schützen, ist nicht eigentlich das geflügelte Stierwesen, sondern das Symbol des höchsten Gottes selbst, und das Tier stellt lediglich die Aufforderung dar, sich niederzuwerfen und dem unendlichen Abstand zwischen sich und dem Gott Ausdruck zu geben. Immerhin schützt er den König in seinem Palast, und immerhin zieht der König mit der Legitimation, die in der Kraft und Gewalt dieses Gottes liegt, aus, um für den Gott Assur oder Marduk die Welt zu erobern.

die so gegensätzliche Empfindungen auslösen. Der eine verspottet die alte Geschichte aus der Überlegenheit dessen, der so primitiven Zeiten entwachsen zu sein meint, der andere bewundert in ihr etwas vom Vollkommensten, das Menschen je in Worte gefasst haben. Ein dritter sagt: Ja, so war es. Die Welt ist vor sechstausend Jahren in sieben Tagen aus dem Nichts geschaffen worden, und er bemerkt nicht, wie er dabei genau am Sinn dieser alten Geschichte vorbeidenkt. Wir Heutigen aber, so meine ich, kommen dem Geheimnis dieses Berichts erst wieder auf die Spur, wenn wir zuvor durch die ganze Bilderwelt, die hintergründige Landschaft gewandert sind, die der alte Mann in seinen Geschichten vor uns entrollt.

Soweit die Geschichte des alten Erzählers. Aber was halten wir Heutigen, wir Menschen des 21. Jahrhunderts, davon?

Als der Alte am Kanal Kebar mit seinen Geschichten zu Ende war – ich weiß nicht, wie viele Jahre nach dem langen Marsch nach Babylon –, schrieb einer, vielleicht er selbst, vielleicht ein anderer aus demselben Kreis, wie eine Summe all ihrer gemeinsamen Erkenntnisse jenen Bericht nieder, den wir die Schöpfungsgeschichte nennen und den wir im ersten Kapitel der Bibel lesen.

Die Weltliteratur kennt nicht viele Texte,

In sechs Tagen entstand die Welt, behauptet die Schöpfungsgeschichte, grandios einfach, mit wie in Stein gehauenen Worten. Gott sprach, und es geschah. Gott sah es an, und es war gut. Am siebten Tag aber ruhte Gott von seinem Werk.

Was mag das bedeuten?, fragen wir. Was für eine Erfahrung mag hinter den kindlich einfachen Bildern verborgen sein? Was müssen wir tun, wohin müssen wir blicken, damit – falls in der alten Geschichte ein Geheimnis ist – wir dieses Geheimnis wahrnehmen?

Es könnte doch sein, dass wir hier wider Erwarten etwas Gültiges über unsere Welt fänden? Und wenn wir vom Geheimnis dieser Welt etwas verstünden, wüssten wir dann nicht auch mehr über unsere eigene Seele, in der sich diese Welt spiegelt? Und wenn wir wieder wüssten, wie unsere Seele in dieser Welt

lebt und die Welt in unserer Seele, könnten wir dann nicht auch wieder mehr wissen oder ahnen von Gott? Denn diese Dreiheit, die Welt, die Seele und Gott, ist das uralte und immer gegenwärtige Thema, mit dem wir Menschen uns beschäftigen müssen. Es ist aber heute aktueller, als viele meinen, gerade weil Welt, Seele und Gott in unserem Empfinden so sehr allen Zusammenhang miteinander verloren haben.

Es gab in Europa eine Zeit, in der das beherrschende Gefühl, das die Menschen angesichts ihrer Welt erfüllte, das des Triumphs war. Sie fühlten sich als Herren der Schöpfung, als Herren über die Geheimnisse der Natur. Heute greift gerade angesichts der Welt und der menschlichen Herrschaft die Angst um sich. Wie, wenn diese Erde im unendlichen Weltall, in der Randlosigkeit eines nachtschwarzen Universums, die einzige Stelle wäre, an der Herzen schlagen, lebendige Wesen eine Weile das Licht sehen, zwischen Geburt und Tod, zwischen Lebenslust und Lebensangst, bis auch sie alle miteinander zugrunde gehen? Wie, wenn der wunderbare Garten eines Tages

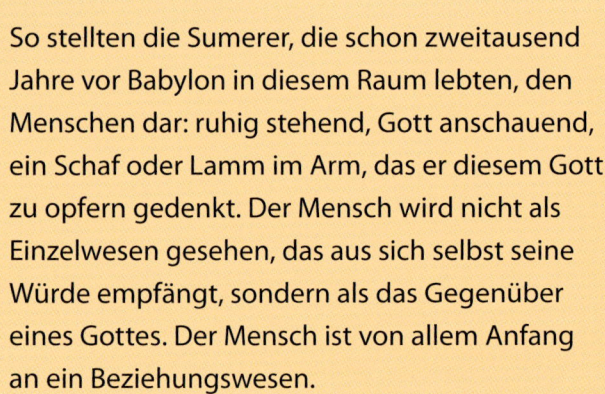

zerstört wäre, verbraucht, ausgeplündert, vergiftet, verwüstet? Wie, wenn die zauberhafte Heimat, in der wir leben, uns verstoßen sollte, in eine technische Ersatzwelt entlassen, die nichts mehr hat von Wärme und Geborgenheit, von mütterlicher Güte und traumweicher Schönheit? Die Angst beherrscht diese Zeit in vielerlei Gestalt, aber diese, die Angst vor dem Verlust der heimatlichen Erde, durchzieht alles andere. So sehr fremd ist uns die Verbannung der Leute in die Ziegeleien bei Babylon durchaus nicht. Sie könnte in anderer Form uns selbst widerfahren.

So stellten die Sumerer, die schon zweitausend Jahre vor Babylon in diesem Raum lebten, den Menschen dar: ruhig stehend, Gott anschauend, ein Schaf oder Lamm im Arm, das er diesem Gott zu opfern gedenkt. Der Mensch wird nicht als Einzelwesen gesehen, das aus sich selbst seine Würde empfängt, sondern als das Gegenüber eines Gottes. Der Mensch ist von allem Anfang an ein Beziehungswesen.

# 9. Menschenrecht und Menschenwürde

Danach versank der Alte in ein Schweigen. »Geht deine Geschichte noch weiter?«, fragte ihn schließlich einer.

Der Erzähler hob den Kopf: »Doch, ja, natürlich geht sie weiter. Mit uns. Mit uns allen.

Gott ging noch einen Schritt und schuf etwas Besonderes: den aufrecht gehenden, den mit Geist begabten Menschen. Ein Wesen, das mit seinen Händen Werkzeuge schafft und das mit seinesgleichen durch die Sprache verbunden ist. Diesem Wesen übergab er die Verantwortung für die Fische im Meer, für die Vögel am Himmel, für das Vieh und die Feldtiere und das Gewürm in der Erde. Für die Bäume und das Kraut und das Land und das Wasser. Er gab ihm teil an seiner Weisheit und an seiner Macht. Und er schuf es als einen Mann und als eine Frau, die nebeneinander stehen und einander beistehen sollen. Wenn ihr einen vernünftigen Babylonier findet, der etwas vom Recht eines Menschen hören will, dann sagt ihm, ein Mensch sei mehr als ein nackter Affe und mehr als ein Arbeitstier. Er sei ein Mensch. Er sei kein Massenwesen, das man am Leben lassen oder auch ausrotten könne. Er trage ein Gesicht, in dem das Gesicht Gottes sich spiegle. Er sei dazu bestimmt, Gott gegenüber zu sein und sein Licht weiterzugeben. Er könne hören, was Gott ihm sagt. Er könne ihm antworten, ihn preisen, ihm danken. Er könne zum Werkzeug Gottes werden, zu seinem Mitarbeiter, zu seinem Sprecher, zu seinem Offenbarer. Er trage in seinen schmutzigen Tüchern und seinem gequälten, ausgehungerten Gesicht eine Würde, die niemand ihm nehmen könne.

Das war nun der letzte Tag der Schöpfung. Nein, eigentlich nicht der letzte. Es kam noch einer. Aber zuvor sagte Gott noch einmal: Es ist gut.

Ihr könnt den Babyloniern sagen, der Mensch sei etwas ganz anderes, als was sie von ihm erzählten. Sie erzählen in einem alten Dichtwerk, dem Atrahasis-Epos, von einem Streitgespräch zwischen den Göttern Enki und Nammu. Sie sagen, als Himmel und Erde sich trennten, entstanden auch die Götter, aber diese Götter mussten ihr Brot verdienen. Die großen Götter überwachten die Arbeit, die niederen mussten schuften. Sie klagten ihre Mühsal Nammu, der großen Mutter. Die forderte Enki auf, irgendwelche neuen Wesen zu erschaffen, die den niederen Göttern die Arbeit abnehmen sollten, so dass sie im Frieden leben könnten. Und so schuf Enki die Menschen als Sklaven der Götter, und Nammu gab dem Lehm, den er dazu verwendete, die Form. Im Schoß der Mutter

*Der Mensch,
Herr seiner von ihm
selbst gestalteten Welt*

Erde wurde der Mensch zum Leben erweckt. In einer anderen Geschichte erzählen sie, die Göttin Aruru habe ihn aus Lehm geformt. So sagen auch wir: Gott schuf die Menschen aus Erde, aus Ackererde, in die er sich nach seinem Tode wieder verwandelt. Was also sind wir wert? Was ist unsere Würde in unserem Schmutz und unserer Wehrlosigkeit? Gibt es für uns ein Recht, da zu sein, außer dazu, wieder zu Erde zu werden?

Denn die Frauen und Männer und die Kinder, zu denen der alte Erzähler sprach, hatten unter ihren Füßen den unendlichen Lehm dieses Landes. Aus ihm formten sie ihre Ziegel oder stampften sie ihre Mauern. Trockener Lehm wehte als feiner Staub über das Land hin, und die Tiere, die Esel und die Wasserbüffel, stampften im grundlosen Schlamm am Ufer der Kanäle. Und vor allem: Sie selbst schienen wie aus Lehm gemacht. Wenn die nomadischen Kameltreiber vorbeikamen, sprachen sie mit Spott und Verachtung von den »Lehmbraunen«, den Bauern und Arbeitern dieses Landes.

Nein, der Erzähler setzt dagegen, ihr könnt den Babyloniern sagen: Der Mensch sei mehr, als sie meinen. Er sei ein Wesen mit einem eigenen Recht und einer eigenen Freiheit. Der Mensch sei kein Sklave und kein Massenwesen, das man leben lassen oder auch auslöschen könne. Er sei kein militärisches oder politisches Material, mit dem man operieren oder das man vernichten könne. Aber selbst, wenn sie das begriffen hätten, wären sie auf dem halben Weg stehen geblieben. Denn der Mensch ist zu mehr bestimmt als zu dem, was er dem Urteil der Vernunft und der Humanität nach ist. Er ist mehr, als er selbst weiß. Er ist bestimmt, Gott gegenüberzutreten und sein Licht zu spiegeln, wie das Gesicht des Mose das Licht Gottes trug. Er ist dazu bestimmt, in sich selbst hineinzudenken und dort dem Geheimnis Gottes ebenso zu begegnen wie draußen, wo er mit Sonne oder Meer, Pflanze oder Tier zu tun hat. Er ist selbst Ort Gottes, Ort seines Geheimnisses, und so hört und sieht er, was Gott ihm sagen oder zeigen will, und wird zum Werkzeug, mehr:

zum Mitarbeiter, zum Mitwirkenden des schaffenden und wirkenden Gottes.

Und so wurde der sechste Tag. Und Gott urteilte: Das alles ist gut, sehr gut, wie es ist.

*

Was der Erzähler am Kanal Kebar seinen müden Zuhörern zeigen wollte, war das Eine und immer Gleiche: Wir stehen nicht hier als die zum Untergang Verdammten. Wir sind hier, um über die Geschichte unseres Volkes, über sein Versagen und Verschulden nachzudenken, uns also zu erinnern. Uns zu ändern. Vertrauen und Zuversicht zu gewinnen und einen neuen Anfang zu versuchen. Und in der Tat: Die Gefangenschaft in Babylon hat sich als die große Stunde in der Geschichte Israels erwiesen. Aus ihr ging es recht eigentlich neu hervor, lebensfähig und standfest bis heute und in einer nie so ganz erklärbaren geistigen und religiösen Lebendigkeit und Kraft. Wenn ich aber dem Erzähler zuhöre, dann sagt er seinen Zuhörern so: Ihr werdet eure Ruhe finden. Frieden. Ihr werdet euch selbst wieder bejahen können. Ihr werdet neu verstehen, wer ihr seid. Ihr könnt euch mit Gott verbunden wissen und leben.

Die Schöpfungsgeschichte von 1. Mose 1 ist eine kosmogonische Erzählung, aber sie ist viel mehr: Sie ist Ausdruck des Glaubens an die Neuschöpfung der Welt und des Menschen aus dem chaotischen Handgemenge von dämonischen Mächten und menschlicher Gewalt. Es ist hohe Zeit, dass wir Abendländer von heute aus der langweiligen Fragerei, ob die Christen denn wirklich glauben müssten, dass die Welt in sieben Tagen vor sechstausend Jahren geschaffen worden sei, zu den eigentlich gemeinten Gedanken weiterdenken.

Der einige Zeit später entstandene Psalm 104 gibt das Siegesgefühl wieder, das Hochgefühl, aber nicht nur den Triumph, sondern auch die Freiheit und Gelassenheit, die diese Erkenntnis mit sich brachte:

*»Da ist das Meer, groß, weit, breit,*
*ein Gewimmel ist dort ohne Zahl,*
*Tiere, groß und klein.*
*Schiffe ziehen ihre Bahnen,*
*und der Leviathan, den du geschaffen,*
*mit ihm zu spielen.«*

Man fühlt heute noch das Aufatmen, das durch die Menschen gegangen sein muss, die Befreiung, die mit ihnen geschah. Nichts ist älter und mächtiger als der Gott, der die Väter aus Ägypten führte und der das Geschick der Menschen heute noch in der Hand hat! Die Chaosmächte: Geschöpfe, mit denen Gott freundlich spielt und die sich in diesem Spiel wohlfühlen. Die Menschen: Werkzeuge in der Hand Gottes! Die Geschichte: Von ihm begonnen und geführt!

Aber das eben geschieht in der Verbannung: dass Menschen, die in den Schatten gedrängt sind, dem Abfall gleichgemacht, die sozusagen ins Bodenlose fallen, sich plötzlich aufgefangen wissen, aufgefangen von den Händen jenes Gottes, der vor Tiamat war und lange vor Marduk.

Denn Marduk und Tiamat sollten den versklavten Menschen ihre Bestimmung zeigen:

nämlich Abfall zu sein. Marduk, der Reichsgott von Babylon, trat ja der Tiamat auf die Beine, spaltete sie und stattete mit den Resten ihres Körpers seine Herrschaft, die Welt, aus. Und das wird den Judäern erzählt, die ihrerseits von Babylon und seinem Reichsgott zerschlagen sind, zerhauen und gespalten. Das Schicksal der Tiamat, der Feindin der geordneten Welt, ist ihr Schicksal.

Sollte sich im Sieg über Israel und alle die übrigen Länder des Nahen Ostens nicht die Errichtung der Welt durch den Reichsgott von Babylon politisch wiederholt haben? Und bedeutete das nicht, dass die Zerschlagenen aus Juda fast schon in die Nähe des verdammten, verlassenen, zertretenen und gespaltenen Urtiers rückten? Und tun sie, die Überwundenen, die Feinde der großen, neuen, babylonischen

Weltordnung und ihres siegenden Gottes, nicht wohl daran, sich ihm nun endlich zu fügen, ihn anzuerkennen und zu verehren und gute Babylonier zu werden? Ist es nicht in der Tat erstrebenswert, von Marduk als Teil seines guten, geordneten Reiches angenommen zu sein?

Nun aber singt einer der Führenden unter den Gefangenen, den wir den »zweiten Jesaja« nennen, in einem seiner Lieder (Jesaja 51, 12-16) im Namen Gottes:

*»Ich – euer Gott – bin euer Tröster!*
*Warum fürchtest du dich vor Menschen,*
*die doch sterben,*
*vor Menschenkindern, die wie Gras vergehen?*
*Warum vergisst du den Herrn,*
*der dich gemacht hat,*
*der den Himmel ausgebreitet*
*und die Erde gegründet hat?*
*Warum fürchtest du dich*
*vor dem Grimm des Bedrängers,*
*der sich vornahm, dich zu verderben?*
*Ich bin der Herr, dein Gott.*
*Der das Meer erregt,*
*dass seine Wellen wüten –*
*ich habe mein Wort in deinen Mund gelegt*
*und dich unter dem Schatten*
*meiner Hände geborgen,*
*auf dass ich den Himmel von neuem ausbreite*
*und die Erde gründe und zu Zion spreche:*
*Du bist mein Volk!«*

Ein Weg in die Freiheit, der nicht ein Weg in die Heimatlosigkeit sein wird, sondern ein Weg im Schutz der Hände Gottes – das ist die Vision, die aus der Erkenntnis Gottes als des Schöpfers der Welt für die Gefangenen erwächst.

In der Gefangenschaft findet dieses Volk eine Freiheit, die es zuvor nie besessen hatte. Unter dem Druck einer fremden Macht findet es den eigenen, den wirklichen Gott. Denn Macht, das gibt es künftig nur noch ernsthaft dort, wo Gott spricht. Derselbe zweite Jesaja sagt:

*»Wie Regen und Schnee herabkommen*
*vom Himmel*
*und nicht dorthin zurückkehren,*
*es sei denn, sie hätten die Erde getränkt,*
*fruchtbar und sprossend gemacht,*
*dem Sämann Samen*
*und dem Essenden Brot gegeben,*
*so ist es mit meinem Wort:*
*Es kehrt nicht wieder zu mir zurück,*
*sondern wirkt, was ich beschlossen,*
*und führt durch, wozu ich es gesandt.«*
Jesaja 55, 10

Damit aber ist der Hörende das Feld, auf dem Gott wirkt, und das heißt der, der an der eigentlichen Wirklichkeit teil hat.

Er braucht nicht mit dem Blick auf seine geringen Kräfte zu sagen: »Ich kann aber doch nicht!« Er kann.

Er braucht nicht mit dem Blick auf die über-
mächtige Umwelt zu resignieren: »Man muss
eben.« Man muss nicht.

Er ist der Ort, an dem nicht sein, sondern der
Wille Gottes sich durchsetzt. Das aber könnte
das Ende der Furcht sein.

Als ich einmal, nicht weit vom Kanal Kebar, über die trockene Erde ging, kam ich an einer
Pumpe vorbei, die den Sinn hatte, das braune Wasser aus einem der Nebenkanäle auf die
Höhe der die Äcker durchziehenden Wasserrinnen zu heben. Ein Esel trottete im Kreis und
drehte die große Stange, die über primitive Zahnräder das seitliche Schöpfrad in Bewegung
hielt, auf seinem Weg immer hinter sich her. Da aber nun einem Esel bei dem ständigen
Laufen im Kreis schwindlig würde, hatte man ihm mit einem Sack die Augen verhängt.
So ging er seinen Weg in grauer Dämmerung Tag um Tag, Jahr um Jahr. Er gehörte wie die
gefangenen Menschen aus Jerusalem zu den geschundenen Wesen dieser Erde.

# 10. Unser Leben ist keine Arbeitsmühle

Wieder saß der alte Mann eine geraume Weile still vor dem Wasser und schaute der leichten Wellenbewegung zu, die der Wind an ihm vorbeitrieb.

»Ich habe vorhin gefragt, wie wir uns an den Festtagen der Babylonier verhalten sollen«, wiederholte einer. »Am Vollmond, am Neumond oder an allen Feiertagen.«

Der Erzähler nahm den Faden wieder auf. »An den Festtagen der Babylonier? Ja, das will ich euch sagen.

Ihr wisst das von zu Hause noch. Die Babylonier, die Syrer und unsere eigenen Stämme in Israel kennen den Vollmond und den Neumond, und zwischen den beiden den Halbmond. Auch bei uns zu Hause sprach man immer in einem Satz von den Neumonden und Sabbaten. Damit hat eine Woche einmal sieben Tage oder auch einmal acht, je nachdem, auf welchen Tag der Neumond fällt. Damit aber ist man immer im Unklaren, ob der Ruhetag heute oder vielleicht morgen sei. In der Regenzeit kann es niemand wissen, wenn der Mond hinter den Wolken bleibt. Damit nun jeder weiß, wann Ruhetag ist, braucht man die sternkundigen Priester an den Tempeln. Die sagen dann: ›Morgen ist Ruhetag! Am nächs-

ten Freitag ist Halbmond. Dann lasst ihr eure Holzpflüge im Stall.‹

Aber uns sagt Gott etwas anderes. Als Gott nämlich Himmel und Erde vollendet hatte, da ruhte er. Sechs Tage wirkte er an der Entstehung der Welt, am siebten hielt er inne. Er ›hörte auf‹. Das sagt das Wort Sabbat. Es heißt einfach ›Aufhörtag‹. Denn Gott könnt ihr nicht so verstehen, dass er immer etwas tun muss. Er muss nichts. Die Welt machte er aus eigenem Willen und Entschluss. Er ›ist‹ einfach. Er ruht in sich. Und wenn es nun so ist, dann hat jede Woche genau sieben Tage. Auch bei uns zu Hause war es so, dass astronomisch gebildete Priester die Neumonde festlegten. Aber wir haben keinen Tempel mehr und keinen astronomischen Kalender. Und diese beiden Hilfen haben wir auch nicht mehr nötig. Wir sind frei und wir können uns unsere Feiertage an den Fingern abzählen. Jedes Kind kann feststellen, wann der nächste Sabbat ist. Der Sabbat ist eine Kraft, die uns die Freiheit schafft von allen Vorschriften der Fachleute und der Obrigkeiten.

Er gibt uns das Recht, als freie Menschen vor Gott zu stehen, in ihm zu ruhen, ihn zu hören und ihm zu antworten. Und Gott wird an diesem Tag unsere Angst von uns nehmen. In dieser Ruhe offenbart sich uns, was der Sinn dieses unseres Schicksals ist und was wir wiederfinden müssen, wenn wir eines Tages wieder in unserem Land sein werden: wie Gott zu ruhen. In Gott zu ruhen. Die Arbeit zu lassen. Alles zu lassen, was uns treibt und jagt, und die Gelassenheit zu finden, die aus dem Nichtstun, aus dem Lassen kommt.

Wer kann uns verbieten, uns, während wir mit unseren Händen unsere Holzrahmen mit Lehm füllen und die offene Oberseite glatt streichen, unsere Gedanken zu machen? Könnte es uns nicht gelingen, während dieser Arbeit Gedanken des Friedens zu denken? Gedanken, die über unsere schmutzigen Hände hinweggehen und eine andere Welt betreten? Ich könnte mir denken, dass dabei sogar die Ziegel schöner werden. Vor allem brauchen wir unsere Gedanken nicht für die Ziegel. Die formen unsere Hände mittlerweile allein. Wenn es uns aber gelänge, mit unseren Gedanken das innere Heiligtum zu betreten, so müssten wir uns nicht verletzen lassen durch die Verachtung, die uns begegnet, oder das stän-

In den Ziegeleien Bagdads arbeiten Kinder von acht Jahren neben achtzigjährigen Männern. Ich fragte einen unter ihnen, wie lange ihre Arbeit sie im Griff habe. Da antwortete er: »Wenn ein Junge einen Ziegel halten kann, fängt er an zu arbeiten, und er arbeitet, bis ihm der letzte aus der Hand fällt.« Ich fragte: »Habt ihr keine Gewerkschaften?« Darauf die Antwort: »Doch, wir haben Gewerkschaften. Aber die stehen unter der Kontrolle der Regierung. Die nützen uns nichts.« Es war noch in der Zeit Saddam Husseins.

*Wer hat in dieser Welt das Sagen?*

dige Antreiben: »Schneller!« »Noch schneller!« Wir könnten Augenblicke erleben, in denen wir zur Ruhe kommen, mitten im Lärm. Und wir könnten unsere Hoffnung stärken, eines Tages werde der eigentliche Sabbat wieder gefeiert werden. Eines Tages werde es wieder eine wirkliche, auch äußere Ruhe für uns geben. Und so könnten wir unsere Würde und unsere Freiheit hinüberretten über die Sklaverei.«

*

Der Sabbat ist in der Tat eine der auffallendsten Besonderheiten des jüdischen Volkes. Freilich ist auch diese Sitte nicht sozusagen aus dem Nichts aufgetaucht, sie hat sich vielmehr – wie es immer geschieht, wo Neues gedacht wird – in der Auseinandersetzung mit sehr alten Überlieferungen erst herausgebildet. Ein mythischer – oder noch besser, ein magischer – Brauch aus unvordenklichen Zeiten wurde aufgenommen und so grundlegend gewandelt, dass er plötzlich das Gegenteil bedeutete und bewirkte als zuvor.

Der Vorgänger des Sabbat, den wir in den Jahrtausenden vor Mose bei einigen Völkern im Orient beobachten, war ein Tabutag. Ursprünglich war der Mensch ja nicht das Wesen, das die Natur veränderte, er war selbst ein Teil der Natur. Die Natur war stärker, und der Mensch hatte sich einzufügen. Er konnte Beeren sammeln oder Hasen jagen, aber er musste die Welt nehmen, wie sie war. Mit dem Acker-

bau kam die Zeit, in der der Mensch in den Boden eingriff, ihn verletzte, ihn aufriss. Als er anfing, Tiere zu zähmen und für seine Herden Brunnen zu graben, begann er die Welt zu verändern. Aber damit vergriff er sich an der Großen Mutter, er riss gleichsam den Leib der Mutter auf. Er begab sich in die Gefahr, dass die Mutter sich rächte.

Denn jede Arbeit ist ein Angriff auf die Natur. So gab es vermutlich in frühen Jahrtausenden nur einzelne bestimmte Tage des Mondumlaufs, an denen die Priester die Arbeit erlaubten, weil an ihnen die Natur sich gegen einen Angriff dieser Art nicht zur Wehr setzte. Mit der Zeit wurden, wie es der Ackerbau verlangt, die Arbeitstage vermehrt, und das Verhältnis kehrte sich um. Es gab dann Tage, an denen das alte Verbot, die Erde zu verletzen, nun aber wirklich und auf alle Fälle gelten musste. Die Ruhe des Sabbats ist das Ursprüngliche, die Arbeit ist das Kulturprodukt.

An den wenigen Tagen, die zuletzt übrig blieben, waren nun freilich alle bösen Geister los, und wer nicht alles unterließ, was die Natur als Angriff empfinden konnte, geriet in ihre Gewalt. Man spricht heute noch von einem »Hexensabbat« und meint einen Tag losgelassener Naturmächte. Die Furcht, etwas zu tun, das gegen den Rhythmus und das souveräne, allem Menschenwerk vorangehende Gesetz der Natur geht, drückt sich heute noch in dem Versuch aus, in den Sternen zu lesen, ob ein

Tag günstig sei für eine Reise oder eine Entscheidung. Darin liegt nicht nur einfältiger Aberglaube, sondern auch eine Art Restwissen, dass das Tun des Menschen ein Umfeld hat, dass es Voraussetzungen und Folgen hat und dass es dem Gesamtablauf des Geschehens angehören und in ihn eingefügt sein muss. Für uns heutige Menschen liegt darin ein Restwissen, dass es Dinge gibt, die wir tun könnten, die wir aber zu unserem eigenen Heil unterlassen sollten.

*

Am siebten Tag ruht Gott. Nicht, weil er die Rache einer Widergöttin fürchten müsste, sondern weil sein Werk vollendet ist. Der Mensch, der mit Gott im Bunde ist, der ihn spiegelt, der in ihm lebt, ist frei von Dämonenangst und magischem Handwerk. Er ruht. Seine Arbeit ist für den einen Tag vollendet.

Das aber war damals im 6. Jahrhundert neu. Bis in diese Zeit hatte Israel den Mondlauf gefeiert. Unablässig wird in der Zeit der Könige von Neumonden geredet, die man in Israel feiere. Die Woche der sieben Tage ist eine Entdeckung der Zeit des Exils. Sie wurde notwendig, aber auch möglich dadurch, dass es keinen Tempel mehr gab und keinen priesterlichen Kult, sondern die Familien und die Familienverbände zum Ort der Feier wurden. Wenn heute der Sabbat vor allem ein Tag ist, der in der Familie gefeiert wird, so ist das der Ertrag dieser Neuorientierung in der Exilszeit.

Das versklavte, rechtlose und wehrlose Volk der Juden also unternahm eine Art von geistigem Staatsstreich: Es demontierte die Religion des Staates, dem es ausgeliefert war, und setzte an ihre Stelle den Glauben an den einen, souveränen Gott. Es verspottete die ganze gestaltenreiche Mythologie dieses Staates, die dem Staat sein Recht verschaffte, Macht über die Menschen und die Völker auszuüben. Es zeigte zugleich, wie die Welt göttlich und zugleich eine schlichte, aus normalen, einfachen Dingen bestehende Natur sei.

Die Woche der sieben Tage, in einem Erkenntnisakt von unglaublicher Überlegenheit entdeckt, gehört bis heute zu den großen Leistungen des freien Menschen. Er löste sich damit aus einer Abhängigkeit von Autoritäten, die sich zwischen ihn und Gott stellten, und wurde auf seine eigene Verantwortung und Entscheidungsbereitschaft verwiesen. Singen, Sagen und Erkennen geben dem Werk seinen Sinn. Und wenn der Jude am Sabbat die heilige Schrift studiert, weist er damit darauf hin, dass der Mensch Gott gegenüber sozusagen gemeinschaftsfähig geworden ist, ein freies, selbstständiges Wesen, das zu hören und zu antworten vermag und das die Ehre weder sich selbst noch seinem Werk gibt, noch auch irgendeinem von Gott geschaffenen Wesen, sondern dem großen, dem einen Gott allein.

»Dein schöner Ruhetag wird uns wenig bringen«, begann einer nach einer Weile. »Wenn ich meinem Aufseher sage: Heute ist Ruhetag!, dann wird er lachen. Und er wird mir mit Vergnügen sein Schneller! Schneller! ins Ohr schreien.«

»Was wir hier sehen«, fügte ein anderer hinzu, »ist ein Staat, ist die Arroganz der Macht. Aber keine göttliche Ordnung. Soldaten sehen wir. Bauwerke. Wir sehen da den ungeheuren Turm. Terrasse über Terrasse, himmelhoch. Ein Riese, für die Ewigkeit.«

»Der wird noch stehen, wenn wir hier alle zu Lehm geworden sind im Sumpf des Euphrat. Was nützt uns unser Glaube?«

Aber da lächelte der alte Erzähler ein wenig. »Ihr wollt sagen, dieser Staat und seine Macht seien nicht zu stürzen, so wenig wie der Turm drüben. Ja. Von diesem Staat und von seinem Turm will ich euch auch etwas erzählen.

Wir stehen hier unter dem Druck eines mächtigen Staates, einer prachtvollen Stadt und ihrer Kultur. Unter der Pracht ihrer großen Feste,

Dies ist der alte Stufenturm von Ur, an dem wir noch sehen können, wie der »Turm von Babel« ausgesehen haben mag. Die unterste Stufe von drei oder vier ist erhalten, und wir müssen uns vorstellen, dass die lange Treppe in gerader Verlängerung auf ein zweites schmaleres Geschoss führt, dann auf ein noch schmaleres drittes und schließlich in einem kleinen Tempelchen auf der Spitze endet.

Die Zweckbestimmung dieser Stufentürme ist eine ganz andere als die der Pyramiden in Ägypten. Die Pyramiden waren Grabmäler von Königen. Die Stufentürme sind künstliche Berge für die Begegnung mit den Göttern. Man vermutet, dass die Sumerer ursprünglich in einem gebirgigen Land lebten. Immerhin sprechen sie, Bewohner einer Tiefebene, von ihrer Hauptgöttin Ninchursanga als von der »Herrin der Berge«. Sie müssen ihre Gottheiten also von den Heiligtümern auf den Bergen ihrer Heimat in die Tiefebene mitgebracht haben. Da sie sich aber vorstellten, eine Gottheit komme auf die Erde nur, wenn man ihr sozusagen einen Berg zur Verfügung stelle, auf den sie ihren Fuß setzen kann, mussten sie künstliche Berge errichten.

Eine Zikkurat ist also ein Berg mit einer Treppe. Auf der Spitze ist ein kleiner Tempel, die so genannte »Pforte des Himmels«, und unten, wo die Treppe beginnt, das »Haus Gottes«, in dem die Priester auf die Ankunft der Botschaften der Götter warten. Auf der Treppe aber steigen die Boten der Götter auf und ab. Wir erinnern uns der Geschichte vom Traum Jakobs in Bethel (Genesis 28,10-22). Was er im Traum sieht, ist nicht, wie wir uns das immer vorstellen, eine Leiter, sondern eine Treppe, und sein Traum ist eine Erinnerung an die Frühzeit seiner Familie, als sie noch vor dem Stufenturm von Ur stand und von dort die Ankunft Gottes und seines Wortes erwartete.

Unter diesen Stufentürmen wurden die Wissenschaften der Astronomie und der Mathematik begründet. Hier wurde bereits mit einer Präzision gemessen und gerechnet, die uns erstaunen mag angesichts der Tatsache, dass damals noch kaum die Steinzeit zu Ende gegangen und die Bronze erfunden worden war. Hier erfand man das erste Rad. Hier entwickelte man die erste Schrift. Hier wurden die ersten Pflüge in die Erde gedrückt und die ersten Boote gebaut. Hier blühte der Handel mit China und Indien. Hier hatte man ein Bildungssystem, von dem die heutigen Länder dieses Raumes nur träumen können. Die Sumerer müssen ein begnadetes Volk gewesen sein, nicht nur klug und neugierig, sondern auch unerhört schöpferisch und dabei heiter und liebenswürdig.

unter der Macht der Befehle, die dieser Staat und sein König aussprechen. Diese Leute, die Babylonier, haben, ehe es ihren mächtigen Staat gab, sich hier zwischen Euphrat und Tigris versammelt und haben gesagt: Auf! Wir wollen viele Ziegel formen und brennen, wie wir das hier auch täglich tun. Lasst uns eine Stadt bauen und in ihr einen Turm, dessen Spitze bis zum Himmel reicht! Wir müssen doch wissen, wer wir sind! Wir müssen doch eine Macht werden! Und sie bauten und bauten. Aber da kam Gott aus dem Himmel herab, um zu sehen, was sie da bauten. Der Turm war ja so klein, dass man ihn kaum sah. Und Gott lachte. Und er beschloss, diesen Turm nicht zu zerstören, sondern stehen zu lassen, aber die Gemeinschaft zu verwirren, die sich da in diesem gemeinsamen Werk selbst feierte. Und wie geschah das? Seht euch um! Unter den anderen Sklaven und Gefangenen und Mitbewohnern Babylons hört ihre einige aramäisch spre-

»Sie nahmen Erdharz als Mörtel«, erzählt die Geschichte vom Turmbau. Das dickflüssige Erdöl, das überall aus der Erde kam, liegt heute noch zwischen den Ziegeln.

chen, andere hethitisch, andere syrisch, andere ägyptisch, andere sumerisch, andere akkadisch, medisch oder persisch, und von vielen wird man überhaupt nicht wissen, was es für eine Sprache ist, die sie sprechen. Und keiner versteht den Nachbarn. Gott machte, dass sich alles verwirrte, und die Anhäufung von Sprachen ist der Anfang einer äußeren Zerstreuung. Und so wird in nicht ferner Zukunft von der Pracht dieses Staates nichts mehr übrig sein. Er ist aus Machtgier gebaut, aus Selbstüberschätzung, aus Arroganz. Das aber ist kein Stoff, aus dem man etwas baut, das ewig bestehen soll. Schaut euch den berühmten Turm an, der bis in den Himmel reichen sollte. Er steht bis heute halbfertig herum. Und wenn er eines Tages vollendet werden sollte, dann könnte er vom Erreichen des Himmels nur träumen. Denn in einigen Jahren wird aus dem Osten ein Volk kommen und alles wegfegen, was

sich heute so anmaßend gebärdet. Und alle die Völker, die hier zusammengetrieben wurden, auch wir, werden auseinander strömen, jeder in seine Heimat.«

\*

Der »Turm zu Babel« war eine Stufenpyramide, die den Namen Etemenanki trug, das heißt »die Grundlage von Himmel und Erde«. Neunzig Meter hoch war seine Spitze, in sieben Stockwerken stellte er sich dar. Der erste, der ihn baute, war Nebukadnezar I., der Babylonier, um 1100 vor Christus. 689 wurde er von dem Assyrer Sanherib zerstört, von dessen Sohn Asarhaddon wieder aufgebaut. Danach von dem Assyrer Assur Banipal um 650 zerstört, von dem Babylonier Nebukadnezar II. nach 600 zum letzten Mal erbaut, also während der Zeit der Gefangenschaft der Judäer. Endgültig zerstört wurde er von den persischen Königen nach 500 vor Christus. Für die alten Erzähler war er das Symbol des babylonischen Staates, und im Grunde für alle Staaten der Erde, für ihren Anspruch auf ewige Geltung, für Täuschung und Selbsttäuschung, für Schein und Hinfälligkeit.

Erinnert euch, man hat euch vielleicht einmal vorgelesen, was vor vielen Jahren ein Prophet, der Jesaja hieß, über das Ende Babylons gespottet hat. Er sah den Untergang dieser Weltmacht in unseren Tagen und lachte über ihr arrogantes Gehabe.« Und der alte Erzähler stand auf von der Erde, wandte sich gegen den Turm, der massig hinter den Palmen stand, und sang das Lied, das Jesaja 14 überliefert ist:

*»Ach! Welch ein Ende nimmt der Zwingherr,*
*nimmt ein Ende der Tyrann!*
*Gott zerbricht den Stecken der Frevler,*
*den Stock des Gewalthabers,*
*der Völker schlug in schäumender Wut,*
*mit pausenlosen Schlägen.*
*Der Völker niedertrat im Zorn,*
*und sie verfolgte schonungslos.*
*Nun ruht er im Frieden der Erde.*
*Alles jubelt.*

*Wer hat in dieser Welt das Sagen?*

In Aqar Quf, dreißig Kilometer westlich Bagdads, liegt die alte Hauptstadt des Königs Kurigalzu, der um 1400 vor Christus regierte. Der Kern seines grandiosen Stufenturms steht heute noch 57 m hoch über dem flachen Land, aus ungebrannten Ziegeln erbaut, trocken gehalten durch Schichten aus mit Pech getränktem Schilf. Irakische Archäologen rekonstruierten inzwischen die unterste Plattform.

Es ist erstaunlich, wie gut nach mehr als 3000 Jahren die Ziegel erhalten sind. Man kann sie heute noch herausnehmen. Und vor allem: Die Schilf-matten, die alle zehn oder zwanzig Lagen eingesetzt wurden, sind frisch und unzerstört. Die meisten sind aus gewundenen Seilen von Schilf. Sie wurden mit Erdöl getränkt und blieben dadurch unanfällig für Fäulnis. Sie sind heute noch so elastisch und zäh wie damals.

Die Wacholderbäume freuen sich
über dein Ende,
und die Zedern des Libanon freuen sich:
Seit du dich schlafen gelegt,
steigt kein Fäller mehr zu uns herauf!

Das Totenreich geriet in Aufruhr,
als du drunten erschienst.
Die Totengeister schreckten auf,
alle Machthaber der Erde
wurden aufgejagt von ihren Thronen.

Alle Könige der Völker
riefen dir zu:
Auch du!
Auch du bist schwach
geworden wie wir!

Bist uns nun völlig gleich!
Ins Totenreich gestürzt
ist deine Herrlichkeit,
deiner Harfen
rauschender Klang!
Maden sind dein Lager
und Würmer deine Decke!

Ach! Wie bist du vom Himmel gefallen,
du strahlender Stern, des Morgenrots Sohn!
Ach! wie auf die Erde geschmettert,
du Besieger aller Völker!
Du hattest bei dir gedacht:
Zum Himmel steig ich empor, höher denn
Gottes Sterne errichte ich meinen Thron!
Doch ins Totenreich bist du gestürzt,
in der Grube tiefsten Winkel.

Zwischen den Trümmern von Babylon
erhebt sich der restaurierte Tempel der Ischtar,
der Liebes- und Kriegsgöttin Mesopotamiens.
Innerhalb des 41 mal 35 Meter großen Bau-
werks lag ein Binnenhof, in dem eine Statue
der Göttin stand.

Wer dich erblickt,
sieht dich genau an:
Ist das der Mann, der die Welt erregte,
der Königreiche erbeben ließ?

Die Könige der Erde insgesamt ruhen
in Ehren, ein jeder in seinem Grabmal.
Doch du bist weggeworfen,
mit Erschlagenen bedeckt
wie ein zerstampftes Aas.
Denn dein Land hast du zugrunde gerichtet,
gemordet dein eigenes Volk.

Nie mehr in Ewigkeit wird man rühmend
erwähnen
dies Frevlergeschlecht.«

\*

Und während die Versammlung betroffen saß
und noch lange hinübersah zu dem großen
Turm, stand der Sänger noch eine Weile zwischen ihnen und ging dann im Dämmer des
Abends zu seiner Hütte.

Innerhalb der Stadtanlage
finden wir einen Sumpf,
der sein Grundwasser von
dem nur wenige hundert
Meter entfernten Euphrat
bezieht, und in der Mitte
des Sumpfs einen stump-
fen, flachen Lehmberg.

Das ist alles, was von
dem einstmals sagen-
haften »Turm zu Babel«
übriggeblieben ist. Hier
erhob sich einst auf einer
Grundfläche von 91 x 91
Meter der neunzig Meter
hohe Stufenturm.

Nach einiger Zeit werden die gefangenen Judäer wohl von ihren Nachbarn gelernt haben, wie man sich aus Lehm oder Schilf ein Haus baut, und sie werden diese uralte Kunst angewendet haben. Wenn der alte Erzähler beim Untergang der Sonne sich erhob und zu seiner Wohnung ging, dann könnte er schon nach wenigen Jahren ein Haus betreten haben wie das von vielen heutigen Irakern.

Hier ist ein Haus dieser Art, fünf Meter breit, vier Meter hoch und bis zu fünfundzwanzig Meter lang, gebaut aus Schilfbündeln, die die Rolle von Pfeilern spielen, leichten Matten, die die Funktion von Fenstern haben, und schweren vielschichtigen Geflechten, die das wasserdichte Dach darstellen. Das Rohr wächst überall. Es ist kein Problem, wenn ein solches Haus alt wird, ein neues, ebenso kunstvolles zu bauen. Ausgrabungen aus dem 4. Jahrtausend vor Christus haben Schilfmatten von solchen Häusern zutage gefördert, die im trockenen Sand unzerstört erhalten waren. Die Flechtmuster haben sich bis heute nicht geändert.

Diese Häuser sind das Beste, das an menschlichen Behausungen in diesen Ländern überhaupt anzutreffen ist: schön, reinlich, kühl, ständig von einem leichten Luftzug durchströmt, nach allen Seiten offen für die Frauen, die innen sitzen und sehen wollen, was draußen geschieht. Sie stehen zehn Jahre und müssen dann neu gebaut werden.

Ein Rollsiegel aus der Zeit um 3000 vor Christus zeigt eine Rinderherde und ein solches Haus. Man hat das Bild so erklärt, dass es sich um die Rinderherde des Tammuz oder Dumuzi, des göttlichen Urhirten der Sumerer, handle, der seine mythischen Tiere in eben einem solchen Haus unterbringe.

# 12. Der Urahn und sein hörendes Ohr

Wenn die gefangenen Judäer sich an den Abenden trafen, über die Jahre hin, wurde es für sie immer schwieriger, zu sagen, wer sie eigentlich waren zwischen den ungezählten Menschen der verschiedenen Völker. Was sie noch zusammenhielt, sie, die in ein paar Ansiedlungen mitten im großen Völkergemisch Babylons lebten, unkenntlich und ununterscheidbar, das war ihr gemeinsames Schicksal, aber auch ihr Schicksal war dasselbe wie das anderer Völker.

Da waren mit ihnen Perser, Syrer, Assyrer, Hethiter, Ammoniter, Sumerer, Aramäer, Inder, Meder und viele andere. Der Gewaltstaat machte sie alle gleich. So erinnerte eines Tages der alte Erzähler selbst, woher sie kamen und von wem sie abstammten. Er erzählte ihnen von dem Mann, der seinem Volk den Namen gab. Wer damals wissen wollte, wer er selbst war, suchte nach dem Erzvater seines Volkes oder seines Clans.

»Hast du noch mehr Geschichten?«, fragten sie später, an einem anderen Tag. Es war ein Tag, an dem nicht gearbeitet wurde. Sie saßen zusammen in einem neuen, großen Schilfhaus. Das wunderbare Flechtwerk, aus dem es bestand, hatten sie sich von den Einheimischen zeigen lassen. Wer solche Häuser heute sehen will, für den stehen noch immer im Hor al Hammar, der Seelandschaft am unteren Euphrat, Hunderte davon. Gebaut wie vor 5000 Jahren. An der Stirnseite saß der alte Erzähler,

und im weiten Kreis hockten wohl etwa vierzig Männer und Frauen.

»Hast du noch mehr Geschichten?«, wiederholte einer. »Wenn ihr sie hören wollt«, erwiderte der Alte, »noch viele.« Und nach einer Weile fing er an, langsam zu reden: »Dass Jakob oder Israel der Ahnherr unseres Volkes war, das wussten auch unsere Vorfahren immer schon. Aber nun leben wir nicht mehr in Israel, sondern in Babylon. Hier kann uns aufgehen, dass es gilt, weiter zurückzudenken. Die Familie unseres Urvaters Jakob stammt ja nicht aus Juda oder Israel, sondern aus einer Stadt, die nicht weit von hier liegt, am Unterlauf des Euphrat. Es ist die alte Hafenstadt Ur. Und der Mann, von dem ich erzählen will, der Großvater des Israel, hieß Abraham. Man hat ihn früher nicht ganz so hoch verehrt wie Jakob. Aber nun, da wir hier sind, im Land zwischen den Strömen, aus dem unser Urvater kommt, müssen wir ihn kennen, seine Lebensgeschichte, seine Gedanken und Erfahrungen, um besser zu wissen, wer wir sind.

Wenn ihr, wie ich euch schon sagte, an einem klaren Tag auf eine Palme steigt und nach Südosten hinüberschaut, könnt ihr den großen Stufenturm sehen, an dem die Leute von Ur den Mondgott Nana angebetet haben. Dort

*Zur folgenden Doppelseite:*
Einige Darstellungen aus der Wiener Genesis, einer Handschrift aus dem 6. Jahrhundert, über den Weg Abrahams zeigen den Aufbruch mit Kamelen, vor allem das Ruhen Abrahams in einem Zelt auf einem Ruhebett, während über ihm sich das Zelttuch auftut für die Hand Gottes, die wegweisend erscheint: Geh, wohin ich dich sende.

Und noch einmal: Abraham tritt aus dem Zelt. Er steht draußen in der kühlen Nacht. Und wieder erscheint ihm am Himmel eine Hand, und er hört eine Stimme: »Schau die Sterne am Himmel! Kannst du sie zählen? All die großen und kleinen und die hellen und die ganz fernen, die du kaum siehst? So viele Menschen werden es sein, die von dir und deiner Frau abstammen werden, von deinem Sohn und deinen Enkeln und Urenkeln. Und dein Land werden sie alle auch haben, nämlich die Erde, auf der du jetzt stehst.«

also kommt ihr her. Von dort brach Abraham auf und wanderte mit seinem Clan nach Nordwesten, den Euphrat aufwärts. Das war kein leichter Entschluss, denn Ur ist bis heute eine reiche, eine kultivierte Stadt. Die verlässt man nicht einfach. Eine von denen, in denen die Menschen die Kunst entdeckten, in die Sterne zu sehen, zu rechnen, fahrbare Karren auf Rädern zu konstruieren, den Acker zu bebauen und große, ummauerte Städte anzulegen. Ur war eine blühende Hafenstadt am Meer, damals. Heute trennt sie vom Meer ein breites Land aus Erde und Wasser, wie es der Euphrat inzwischen angeschwemmt hat. Ich weiß nicht, was Abraham und seine Familie veranlasste,

Ur zu verlassen, nach Haran zunächst, in die syrische Wüste, und das Leben eines Schafnomaden zu führen.

Nach einer langen Zeit, als Haran ihm schon so etwas wie eine Heimat geworden war, hörte er in der Nacht eine Stimme – es war die Stimme Gottes –, die ihm sagte: »Auf! Geh! Geh auch aus diesem Land! Verlass nicht nur deine Heimat, sondern auch deine Sippe! Geh! Ich werde dich führen. Du sollst zum Ahnherrn eines großen Volkes werden. Ich will dich segnen, und dieser Segen soll weiterwirken in alle Völker.« So brach Abraham also auf, zusammen mit seiner Frau Sara, und wanderte durch die Wüste Syriens nach Süden. Ihr kennt sie. Ihr habt sie kennen gelernt mit ihrer endlosen, flachen Weite, als ihr hierher getrieben wurdet. Aber wenn ihr verstehen wollt, wer ihr seid, dann nehmt euren Urvater zum Modell. Von dem Land aus, in dem ihr jetzt lebt, löste er sich und ging seinen Weg, durch Entbehrung und Gefahr, tausend und mehr Kilometer weit,

bis in das Land, das seitdem eure Heimat ist. Den Weg, den ihr selbst eines Tages wieder werdet unter die Füße nehmen müssen, wenn ihr zurückwandert in eure Heimat, nach Jerusalem.«

*

Mir fällt ein, dass man im Irak heute noch einem Menschen, der das tut, sagt: »Er geht nach links.« Rechts ist die Seite des Glücks und des gesicherten Lebens. Links ist die Seite der Armut, der Mühsal, des Unglücks, der Gefahr. Ich habe einmal von einem irakischen Zahnarzt gehört, der mit der Regierung Saddam Husseins Schwierigkeiten bekam. Er verkaufte sein Haus und seine Praxis, schaffte sich ein Zelt und eine Ziegenherde an und ging nach »links«. Er verschwand in der ungeheuren Weite der syrisch-arabischen Wüste und lebte nun dort, arm, aber frei. Denn die Regierungen dieses Raumes haben bisher kein Mittel, zu kontrollieren, was sich in seinen

Wüsten abspielt. Dann hörte ich den Erzähler weiter berichten:

*

»Vielleicht fragt ihr euch, wie man das macht, die Stimme Gottes zu hören. An was man sie erkennt. Und ob es das überhaupt gibt. Aber das wusste Abraham schon seit seinen Kindertagen in Ur. Die Leute von Ur hatten ein Gebet, das sich an den Gott von Ur richtete. Das lautete so:

*Barmherziger, gnädiger Vater!*
*Deine Hand bewahrt das Leben des Landes!*

*Du bist groß wie der ferne Himmel*
*und wie das weite Meer.*
*Dir geben wir Ehre.*
*Wenn dein Wort im Himmel erschallt,*
*werfen die Geister des Himmels sich nieder.*
*Wenn es auf Erden ergeht,*
*küssen die Geister der Tiefe den Boden.*

*Wenn dein Wort als Sturmwind dahinfährt,*
*gedeihen Speise und Trank.*
*Wenn es sich niederlässt auf der Erde,*
*so wächst das Grün.*
*Dein Wort macht die Herden*
*in den Ställen fruchtbar,*
*durch dein Wort breitet das Leben sich aus.*

*Durch dein Wort entsteht Gerechtigkeit*
*und kommt Wahrheit in die Rede*
*des Menschen.*
*Der ferne Himmel spricht dein Wort,*
*und die verborgene Erde,*
*die niemand durchschaut, spricht es mit.*
*Nichts ist ihm gleich!*

In der langen Zeit, in der unser Volk in Israel wohnte, sprach es immer mit großer Sorgfalt und Erwartung davon, Gott rede, Gott habe geredet, sein Wort könne von uns Menschen gehört, vernommen und verstanden werden. Wir hätten unsere Wege zu gehen unter dem Anruf durch dieses Wort und wir könnten darauf vertrauen, dass geschehen werde, was uns Gott zuspricht. Vielleicht nahm schon Abraham dieses Wissen in sich auf, und vielleicht hörte er Gottes Stimme, seit er ein Kind war, da in seiner Umgebung ja so klar immer von Gottes Wort und vom Hören seiner Rede gesprochen worden war. Einmal hatte er in der Nacht einen Traum, in dem er Gott sprechen hörte. Der Traum weckte ihn, als Gott zu ihm sagte: Geh hinaus vor das Zelt und schau in die Sterne! So zahlreich wird das Volk sein, das von dir abstammt. Und er schaute und glaubte.

Wer als wandernder Hirt, als Nomade in der Wüste unterwegs ist, weiß viel über die Sterne, denn er wandert viel in der kühlen Nacht statt am heißen Tag. Und er wandert nach den Sternen. Er hört, was Gott ihm sagt, besonders oft und genau aus dem Himmel der Sterne.

Nun wanderte Abraham also durch die gelben Dünen nach Damaskus, über den Golan nach Kanaan und führte über eine lange Zeit hin ein unruhiges Leben zwischen Wüste und Kulturland, ohne sich irgendwo anzusiedeln. Er wusste: Mir ist gesagt, ich solle unterwegs sein. Ich solle vertrauen, dass mir Gott das Land zeigt, das mir bestimmt ist.

»Und nun«,
so sagte der Alte mit erhobener Stimme:
»Schaut! Tut die Augen auf! Schaut ihn an,
euren Urvater! Schaut den Felsen an,
aus dem ihr gehauen seid!
Abraham!
Schaut die Tiefe des Brunnens,
der eure Quelle war:

Sara, eure Mutter!
Denn Abraham wurde von Gott gesegnet!
So wird Gott euch trösten.
Er wird euch herausrufen
und euer Land zu einem Garten machen!
Wie Abraham werdet ihr frei sein.
Ihr werdet in die heilige Stadt zurückkommen
mit Jauchzen. «

Der Norden Syriens zwischen der Wüste und dem ostanatolischen Bergland ist Ackerbaugebiet. Es wird seit alters durch die Flüsse gewässert, die vom Norden herabfließen. In den Jahren 1976–1979 haben aber die Syrer fast unüberschaubar weite Steppengebiete südlich davon in neues Ackerland verwandelt, das sie nun aus dem großen Euphratstausee östlich von Aleppo bewässern. Syrien scheint eines der Länder des Orients zu sein, die nicht auf kurzfristige Öleinnahmen setzen, sondern auf eine vernünftige und weitschauende Strukturpolitik.

Im Norden, wo auch bisher schon – und zwar seit ca. zwanzigtausend Jahren – Getreide angebaut wird, hält sich weiterhin die alte Dorfkultur. Dort stehen die interessanten Dörfer mit ihren bienen-korbförmigen Lehmhäusern, wie sie schon vor zehntausend Jahren und vermutlich schon länger dort gestanden haben. Es gibt dort keinen Wald und also kein Holz. Es gibt wenig verwendbaren Stein. So bleibt alles bei dem in unendlicher Fülle vorhandenen Lehm, und zwar bei ungebranntem. Aus rohen, luftgetrockneten Lehmziegeln werden die Kuppelhäuser aufgebaut und zuletzt mit einer regenabwei-senden glatten Außenschicht versehen, und in ihnen leben nicht nur die Menschen, sondern auch die Tiere. Der Besucher stellt sich die Innenräume primitiv vor. Wird er eingeladen, so betritt er zu seiner Überraschung ungemein wohnliche Räume mit Teppichen auf dem Fußboden und an den Wänden, hoch und kühl, zum Sitzen im Kreis bei Tee oder Kaffee ideal geeignet. So hat man inzwischen auch den Versuch aufgegeben, an die Stelle dieser Häuser moderne Bauten zu setzen. Nichts ist so billig und so zweckmäßig wie diese alte Bauweise.

Im Vordergrund des Bildes steht ein Dreschschlitten, bestehend aus einem Holzrahmen, in den Achsen mit Metallscheiben eingesetzt sind. Er wird mit Eseln über das Dreschgut gezogen und drückt mit seinen harten Metallscheiben die Frucht aus den Ähren.

In neu aufgebauten Dörfern in Nordsyrien findet man auch diese schöne Architektur aus ungebrannten Lehmziegeln.

Haltet das fest! Ihr seid nicht Sand, den der Wind über die Dünen treibt. Ihr habt Wurzeln. Ihr seid jemand. Wer ihr aber seid, das seht ihr an eurem Vater Abraham und an eurer Mutter Sara.

Aber nun dürft ihr keinen Fehler machen, wenn ihr euren Heimweg mit dem Weg des Abraham vergleicht. Abraham ging nicht nach Hause, er wanderte und wusste nicht wohin. Vor ihm lag die Ungewissheit. Um ihn her war die Fremde. Und von seinem Ziel sprach Gott nur sehr ungenau. »Irgendein Land« wurde ihm vor Augen gestellt. Aber wo war dieses Land? Wir, die hier zusammensitzen, wir kennen es. Wir kennen es noch. Vielleicht werden spätere Generationen keine Vorstellung mehr von ihm haben. Aber wir sehnen uns noch nach unseren Häusern zurück, die verlassen zurückblieben, nach unseren Äckern. Wir sehnen uns noch zurück nach dem, was früher war und was früher gegolten hat. Von einer solchen Heimat unserer Kinderzeit konnte Abraham nicht einmal träumen. Aber wenn wir eines Tages vielleicht wieder nach Hause kommen, werden wir feststellen, dass uns dieses Land, unsere Heimat, nicht mehr gehört. Dass es mit seinen Dörfern und Gärten nicht mehr unser Zuhause ist. Andere Leute werden in unseren Häusern wohnen. Andere Viehherden werden auf unseren Feldern weiden. Wir werden vor verschlossenen Türen stehen. Man wird uns nicht mit einem Willkommen begrüßen, sondern mit Angst und mit Feindschaft. Wir werden heimatlos sein in unserer eigenen Heimat.

> Aber all diese kultivierte Sesshaftigkeit war nicht der Auftrag Abrahams, sondern das Unterwegssein, das Leben im offenen Zelt.

Schaut den Weg an, den Abraham ging. Er konnte sich seine Zukunft nicht vorstellen. Seine Erinnerung an Ur half ihm nicht weiter. Er konnte keine Ansprüche an irgendjemand stellen. Er ging einen Weg, von dem er nicht wusste, wohin er führen würde. Aber er fand ein Land, in dem er am Ende bleiben konnte.

Denn das gilt auch für uns. Die Zukunft lässt sich nicht vorwegnehmen. Sie muss gewagt werden. Sie muss auf eine neue Weise bestanden werden. Die Heimat von früher muss sich in unseren Gedanken wandeln in eine erhoffte Heimat für morgen. Ich will euch das im Namen Gottes sagen:

Wunderbare Geschlossenheit und Geborgenheit mitten in einer weiten Steppenlandschaft strahlt dieses Dorf aus. Es heißt El Aafech und liegt im Norden Syriens.

*»Denkt nicht an das Frühere!*
*Orientiert euch nicht am Vergangenen!*
*Schaut auf! Gott will ein Neues schaffen.*
*Jetzt wächst es heran. Seht ihr es nicht?«*
JESAJA 43, 18

Was Gott uns geben wird, wird wieder gut sein, aber es wird nie und nimmer eine Wiederholung des Alten sein.

*

Ihr werdet euch etwas Neues aufbauen können, unter der einen Bedingung, dass ihr loslassen könnt, was war. Ihr könnt nicht sagen: »Dieser Acker hat meiner Familie gehört.« Er gehört jetzt anderen Leuten. Oder: »Dieser Brunnen gehört zu meinem Feld.« Es ist alles nicht mehr, wie es war. Blockiert euch also nicht selbst, weder mit Vorwürfen gegen die, die euch vertrieben, noch mit Forderungen an die, die euch hindern, dort wieder anzufangen, wo ihr aufgehört habt. Denkt nicht an das Frühere und orientiert euch nicht an Vergangenem.

*

Als der Erzähler so von Abraham gesprochen hatte, fragte ihn einer: »Was ist das für ein leises Wort, das wir hören sollen? Wie hört sich das an? Und wenn schon: Wenn Gott wirklich zu Abraham gesprochen hat – zu uns spricht er nicht. Was hilft es uns, dass Abraham wusste,

wer ihn schützte und leitete? Uns schützt und leitet niemand.«

Und wenn der alte Mann kein Mensch seiner Zeit gewesen wäre, sondern unser Zeitgenosse im 21. Jahrhundert, dann hätte er wohl damit geantwortet, dass er von »innerer Erfahrung« gesprochen hätte. Vielleicht hätte er so gesagt: Entscheidungen über den Weg, den wir gehen oder gehen wollen, können nie von anderen Leuten getroffen werden. Sie müssen aus uns selbst kommen. Von einer Stimme her, die wir hören, obwohl sie im Grunde unhörbar ist. Die in einer großen Stille ergeht und aus ihr hörbar wird, am Ende unüberhörbar. Irgendetwas ganz Natürliches begegnet uns, und wir wissen plötzlich: Das geht uns an! Wir sehen zurück auf eine überstandene Gefahr und wissen: Da hat uns einer bewahrt. Wir sehen auf unseren Weg zurück und wissen: Da ist eine Linie in unserem Schicksal. Da hat jemand mit unserem Leben einen Plan. Oder: Da meint es jemand gut mit uns. Wir können also vertrauen. Wir haben Grund, dankbar zu sein. Wir fassen eine Aufgabe an und wissen: Da ist Gott. Er wird uns helfen. Solche Erfahrungen können auch in einem Traum geschehen, und wir wissen danach: Das hat sich an uns gerichtet. Wir müssen tun, was der Traum gesagt hat. Und so hörte Abraham Gott reden. Einmal bei Tage, einmal, wie gesagt, bei Nacht unter dem Sternenhimmel. Einmal in seinem Zelt, einmal auf einem einsamen Berg. Was nun euch angeht, so werdet wach. Werdet achtsam. Öffnet euer inneres Ohr. Und wenn ihr wisst: Der Weg, den

Die erste Stelle im versprochenen Land, die Abraham bewohnte, freilich nur als einer, der mit seinen Schafen kurze Zeit verweilte, bis er wieder wandern musste, war Sichem, dessen Stadtgrundriss sich heute noch in der Nähe von Nablus zeigt.

wir jetzt antreten, ist uns von Gott zugewiesen, dann geht ihn. Abraham hätte, was er gehört hat, keinem Menschen beweisen können. Aber er hat es tief in sich selbst festgehalten. Und darauf kommt es an: Es gelten lassen. Befolgen. Tun. Erleiden. Und das ist vielleicht das wichtigste Merkmal für eine Anrede Gottes: Dass ihr nicht anders könnt, als tun, was ihr hört.

*

Es war wirklich so: Die Gestalt des Abraham gewann in der Tat für das Bewusstsein des jüdischen Volkes ihre eigentlich große Bedeutung erst in der Gefangenschaft des sechsten Jahrhunderts vor Christus. Und zwar deshalb, weil keine Epoche in der Geschichte dieses Volkes je zuvor so nahe der Situation war, aus der Abraham aufbrach. Erst dort und damals wurde der große Wanderer zum Urbild für diese Menschen. Die Wanderung des Abraham wurde zum Modell ihres Weges aus der Gefangenschaft in ihre Heimat. Und an ihm konnten sie begreifen: Wir werden wieder irgendwo Fuß fassen können. Unsere Zukunft wird, was immer wir antreffen werden, gesegnet sein, und dieser Segen wird allen Menschen, die von ihm hören, zugute kommen. Wir wissen wieder, wer wir sind.

# III.
# Glanz und Last
# der Vergangenheit

Während die verbannten Judäer in Babylon versuchten, sich einzurichten, und der alte Mann am Kanal ihnen seine Geschichte erzählte, herrschte in der Heimat, in Jerusalem und auf den Hügeln rund um die Stadt, das Elend. Die Ärmsten waren zurückgeblieben: Alte Leute, Bauern in zerstörten Hütten, Kinder, verlassene Frauen. Wenn sie dort nun zusammenkamen, vielleicht an den Trümmern ihres Tempels, sangen sie Lieder, die irgendwer, vielleicht einer der übrig gebliebenen Priester, ihnen vorsang. Wir lesen sie in den Klageliedern Jeremias, im 1. und 5. Kapitel:

*»Ach, wie ist verlassen die volkreiche Stadt,*
*einer Witwe gleicht sie,*
*die Fürstin unter den Völkern!*
*Sie weint und weint in der Nacht,*
*Tränen rinnen ihr über die Wangen,*
*keiner ist, der sie tröstet,*
*unter ihren Geliebten!*

*Verschleppt ist Juda*
*in Elend und Knechtsdienst,*
*friedlos sitzt es unter den Fremden.*
*Die Tore der Stadt veröden,*
*die Priester seufzen.*

*Stumm sind die Propheten,*
*sie hören kein Wort mehr von Gott.*
*Schweigend kauern am*
*Boden die Ältesten Zions,*
*streuen sich Staub auf das Haupt*
*und kleiden sich in Säcke,*
*die Mädchen Jerusalems*
*lassen die Köpfe hängen.*

*Ich weine mir die Augen aus.*
*Wie Feuer brennt es in mir, zu sehen,*
*wie Kinder und Säuglinge verschmachten*
*in den Gassen der Stadt.*
*Wie sie schreien zu den Müttern: Wo ist Brot?*
*Wie sie verhungern*
*auf dem Schoß ihrer Mütter.*

*Ach, du Tochter Jerusalem,*
*wie soll ich dich trösten?*
*Wem dich vergleichen?*
*Denn weit wie das Meer ist dein Elend,*
*wer könnte dich heilen?«*

\*

Aber wir haben durch unsere Besatzungsmacht nicht einmal einen Schutz gegen die räuberischen Nomaden aus der Wüste:

*»Unter Lebensgefahr*
*bringen wir unsere Ernte ein,*
*bedroht vom Schwert,*
*das aus der Wüste über uns kommt.«*
KLAGELIEDER 5,9

Die Lieder, die nach der Zerstörung gesungen wurden, klingen so, als fühlten die Menschen sich in der Hölle. Die Schwachen verzweifelten, die Starken resignierten, und letzten Endes traf die Anklage das Land selbst, das kein Glück gebracht hatte – oder noch genauer: Gott selbst, der es fälschlich als das Land des Segens und des Glücks bezeichnet hatte.

Wozu, das hören wir hinter den Klagen als die eigentliche Frage: Wozu hat Gott unsere Väter aus Mesopotamien und später aus Ägypten geholt, wo es den Bewohnern bis zum heutigen Tag gut geht? Wozu hat er uns in dieses Land gebracht, das von Milch und Honig überfließen sollte? Wozu hat er uns sein Gesetz offenbart, wenn wir es doch nicht einhalten konnten? Wozu hat er uns gezeigt, wie ganz anders und wie viel größer als die Götter anderer Völker er sei, da wir doch den Göttern der Kanaanäer nichts entgegenzusetzen haben? Und wozu behaftet er uns bei unserem Versagen?

Was für ein Sinn liegt darin, dass er nun unser Feind wird, weil wir nicht fähig waren, seine

Freunde zu sein? Dass das Land, das uns Heimat werden sollte, nun zu einem fressenden Ungeheuer wird, das uns verschlingt?

*

Unter ihnen lebten aber auch Menschen, die das gemeinsame Unglück zu deuten versuchten. Teils aus dem Königshaus, teils aus der Gruppe der Schüler von Propheten, etwa des Jeremia, teils aus der Priesterschaft, teils aus dem diplomatischen Dienst. Ich stelle mir vor, dass da ein paar Männer, vielleicht sechs oder acht, sich abends, nach der harten Arbeit auf den Äckern, zusammenfanden. Vielleicht hatte einer von ihnen einen Packen gesetzlicher Bestimmungen versteckt und vor dem Feuer gerettet, ein anderer Papyrusblätter mit alten Sagen und Geschichten oder mit Liedern, wie man sie am Tempel gesungen hatte. Vielleicht gab es in der Stadt oder an ihrem Rand noch irgendwo ein nicht verbranntes Haus, in dem man sich zusammensetzen konnte. Dort versuchten sie, das mühsame Leben der armseligen Bewohner ihrer Stadt und der nächsten Nachbarschaft ein wenig zu ordnen, da und dort die Versorgung ein wenig zu verbessern und das Wichtigste zu regeln.

Was sie als ihre schwerste Last mit sich schleppten, das waren ihre eigenen Gedanken. Wie konnte das alles geschehen? Was war so falsch gewesen an der Politik ihres Landes? Was war so ungerecht gewesen in den sozialen Verhältnis-

sen? Was war so sehr gegen den Willen Gottes gelaufen im religiösen Leben der Menschen, auch unter den Priestern am Tempel? Warum konnte diese vollständige Zerstörung von allem, was ihnen lieb war, geschehen? Und wie weit mussten sie in ihrer Geschichte zurückdenken, um die wirklichen Ursachen zu finden?

Schon vor dreihundert Jahren hatte es begonnen mit dem religiösen und politischen Protest einzelner Propheten und Weisen. Schon so lange gab es Menschen, die Änderungen forderten, Reformen auf allen Gebieten. Können wir, so fragten sie sich, in ihren Reden nicht den Ursachen für das große Unglück nachgehen? Gab es nicht seit langer Zeit immer wieder Einzelne, die gegen die offizielle Politik aufstanden und vor den Folgen warnten? Die davon abrieten, auf einen militärischen Widerstand gegen die Großmächte Assur und Babylon zu setzen? Gab es nicht einsame Prediger, die eine eindeutige Konzentration des religiösen Lebens forderten? Hat euch nicht, so sagten sie mit großer Beharrlichkeit, Mose den wirklichen Gott gezeigt, hat er nicht eine Abkehr von dem Mischmasch von Göttern und Kulten der primitiven Art gefordert, wie er überall um uns her gepflegt wird? Haben wir nicht ein Gesetz, das mit derselben Eindeutigkeit die Gerechtigkeit im sozialen Leben vorschreibt?

Hat nicht schon vor 100 Jahren der König Hiskia eine Reformbewegung angestoßen, die sich

Diesen Leser der Kabbala fand ich in Merom, einer Synagoge in Obergaliläa. Ihm ähnlich stelle ich mir die Männer vor, die in Jerusalem beieinander saßen, um in alten Urkunden zusammenzusuchen und zusammenzufügen, was sie über die Geschichte ihres Volkes finden konnten. Auch seine Absicht ist ähnlich.

In den Synagogen von Obergaliläa lebt ein Zweig jüdischer Tradition fort, der oft übersehen wird. Es gibt ja durchaus jüdische Familien, die seit der Zeit der Römer im Lande gewohnt und es nie verlassen haben. Als im fünfzehnten Jahrhundert die spanische Inquisition über die Juden hereinbrach, sammelten sich auf der Flucht in den Osten einige der bedeutendsten Denker Spaniens und Portugals in den Bergen Galiläas und ihren neu aufblühenden Rabbinenschulen. Sie waren in Spanien der islamischen Mystik begegnet, in Deutschland der christlichen. Sie kannten die geistigen Bewegungen des abendländischen Mittelalters und kehrten hierher zurück, um die Tora neu auszulegen und auszudeuten.  Hier entstand das Hauptwerk der Kabbala, das Buch Sohar, »Lichtglanz«. Als ich das Gespräch mit den Rabbinen an der Schule von Merom suchte, fand ich einige von ihnen eben in das Buch Sohar vertieft. Im Jahre 1974.

Der Mann ist Handwerker. Mit den Händen eines Handwerkers blättert er um, sehr langsam und vorsichtig, leise vor sich hinsingend, was er liest, mit der unbeweglichen Ruhe und Gelassenheit, die einer nur im langen Einüben von Gedanken und Bildern erwirbt. Und ich frage mich, wo denn die Zukunft Israels liege, nun nicht von heute bis zur nächsten Ernte gerechnet, sondern von den Zeiten der Väter an bis in die Zukunft, in der der Glaube lebt, vorwegnehmend und hoffend. Mir scheint, die Rückkehr ins Land und die vitale Arbeit an seiner wirtschaftlichen Zukunft können keinen Sinn haben, wenn nicht hier oben in den Bergen die Bilder- und Geschichtenwelt, die Gedanken- und Glaubensüberlieferungen einer der edelsten Traditionen des Judentums ihre bleibende Stätte behalten, wie sie in Jerusalem im 6. Jahrhundert vor Christus aus den Trümmern einer zukunftslosen Stadt gesammelt worden sind, um aus der Vergangenheit eine offene Zukunft zu schaffen.

dann nicht durchsetzte? Hat nicht vor kaum zwanzig Jahren der König Josia eine große Reform durchgesetzt, und gab es nicht starke Kräfte in unserem Volk, die auf diese oder ähnliche Weise auf Reformen drängten? Und wie müsste nun eine Reform aussehen, mit der wir etwas Neues gestalten könnten? Etwas Neues innen in den Menschen und etwas Neues außen in unserem Gemeinwesen? Etwas Neues schließlich in unseren Beziehungen zu Gott?

# 14. Die Vorzeit ist eine Quelle der Einsicht

Und so machten sie sich daran, die ganze sechshundertjährige Geschichte ihres Volkes seit jener Zeit, als sie aus der Wüste ins Kulturland eingedrungen waren und das Land besetzt hatten, neu zu verstehen und abzufassen. Sie setzten dabei allem, was da zu berichten war, hinzu: Das war gut. Das war schlecht. Das war verhängnisvoll. Ihr kritisches Bemühen liegt uns heute vor in Gestalt der biblischen Bücher Josua, Richter, Samuel und Könige. Es entstand ein Geschichtswerk, das anders mit der Vergangenheit umging, als es üblicherweise geschieht, nicht so, dass da das eigene Volk gerühmt wird, seine Siege gefeiert, seine Leistungen herausgestellt, seine Helden zu leuchtenden Vorbildern stilisiert werden. Es entstand eine erbarmungslose Darstellung aller Fehler, Mängel und Untaten, die durch die lange Zeit hin ihre Spuren zogen. Kaum irgendwo hat ein Volk seine eigene Geschichte so ehrlich, so kompromisslos dargestellt. Noch in den Schulbüchern, die für meine Generation vor

Nach ihren Wurzeln suchen sie, den Wurzeln ihrer eigenen Geschichte, die jungen Israeli, die an der Südmauer des Tempelplatzes ein Loch ausgebuddelt haben, um einige Steine zu finden, die ihnen von ihrer eigenen Vergangenheit erzählen.

siebzig Jahren den Glanz des deutschen Reiches darstellten, gab es keine einzige Stelle, die von Fehlentwicklungen und Versäumnissen in diesem herrlichen Reich geredet hätte. Die deutschen Kaiser hatten immer recht. Und eine solche Darstellung stammte keineswegs nur von den Nazis.

Umgekehrt lesen wir in diesen biblischen Büchern die immer wiederkehrende Bemerkung: »Dieser und jener König tat, was Gott übel gefiel«, und nur selten das andere Urteil: »Er tat, was dem Herrn wohl gefiel.« Was »Gott wohlgefallen« sollte, wäre gewesen, was Frieden und Gerechtigkeit, Segen und Glück in diesem Volk hätte bewirken können. Ihren neuen Entwurf für eine gerechte und zukunftsfähige Ordnung aber, das schrieben sie in ein eigenes Buch, das uns im 5. Buch Mose vorliegt.

*

Und sie taten noch etwas Anderes: Sie sammelten und ordneten auch die alten Geschichten, aus denen so etwas wie Hoffnung hervorgehen konnte. Die Geschichten, die aus den Anfängen berichten, von den Urvätern, vom ersten Stämmeverband irgendwann im 15. Jahrhundert vor Christus. Die Geschichten, die von der Sklaverei in Ägypten erzählten, von der großen Befreiung, von der Offenbarung des Gottes Jahwe am Sinai. Von den geistigen und moralischen Ordnungen, die Gott diesem Volk gab, und vom langen Marsch durch die Wüste, bis

zu jenen Tagen, an denen sie von ihrer künftigen Heimat Besitz ergriffen.

Ich stelle mir vor, dass sie aber diese Geschichten nicht nur so sammelten, dass sie die alten Papyrusbogen aufeinander legten, sondern auch so, dass sie, was sie da fanden, den Menschen ihres Umkreises erzählten, nach Art der alten Erzähler, zu denen auch der Erzähler von Babylon gehörte. Ich stelle mir, was damals geschah, etwa so vor: Da kommt einer von den Männern nach seiner Arbeit an den alten Manuskripten auf seinem Heimweg über den Tempelberg bei einer Gruppe zusammensitzender, verzweifelter Menschen vorbei, bleibt stehen und wendet sich ihnen zu mit dem Gedanken: Denen muss ich das erzählen! Vielleicht tröstet es sie. Und dann setzt er sich zu ihnen. Er nimmt behutsam auf, was sie ihm erzählen, worüber sie klagen. Und dann wendet er ihre Gedanken allmählich aus ihrer schrecklichen Gegenwart zurück in eine ferne Vorzeit. Erzählt ihnen, wie ihre Vorväter in dieses Land kamen, was für Erfahrungen und Erlebnisse ihnen widerfahren waren, wie sie aus der Sklaverei in ein fremdes Land hereinkamen, wie sie einen langen Weg durch eine Wüste zu gehen hatten. Wie sie dort aber einem Gott begegneten, der es gut mit ihnen meinte und sie in dieses Land führte. Er erzählte ihnen Geschichten, die das Unmögliche schilderten, das damals möglich wurde und das morgen bei ihnen selbst vielleicht auch möglich werden könnte.

»Binde diese Worte an deinen Arm zu deiner Erinnerung und an deine Stirn zu deinem Schmuck.«

Der junge Israeli, dem diese Worte offensichtlich neu und fremd waren, lässt sich von einem der an der Klagemauer bereit stehenden Rabbinen zeigen, wie man das macht, sich Worte an die Stirn und an den Arm zu binden.

Was konnte diesen Menschen helfen? Immer deutlicher wurde ihm, dass das Dringendste, das sie gewinnen müssten, das Vertrauen in den Gott war, aus dessen Willen ihr Schicksal kam und aus dessen Willen ihnen ihr künftiges Leben kommen würde.

Und so sagte er ihnen das Wort vor, das in jenen Tagen im Kreis jener schreibenden Männer zum ersten Mal gedacht worden war, das von einer neuen Lebensordnung sprach, die Gott seinem Volk mitgebe.

Das ist nun im 5. Buch Mose 6, 4 zu lesen:

*»Höre, Israel!*
*Gott ist einzig.*
*Er ist Gott und sonst keiner.*
*Darum liebe ihn von ganzem Herzen,*
*mit allen deinen Gedanken,*
*mit deinem ganzen Willen und mit aller Kraft.*
*Behalte diese Worte im Gedächtnis.*
*Präge sie deinen Kindern ein*
*und sage sie dir selbst immer wieder vor,*
*zu Hause und auf der Reise,*
*wenn du schlafen gehst und wenn du aufstehst.*
*Binde sie an deinen Arm zu deiner Erinnerung*
*und an deine Stirn zu deinem Schmuck.*
*Schreibe sie auf die Türpfosten an deinem*
*Haus und an die Tore deiner Stadt.*

*Und wenn dein Kind dich fragt,*
*warum du das tust, dann erzähle!*

*Dann erzähle ihm von der Sklaverei seiner
Vorfahren und von ihrer Befreiung
aus Ägypten.*

*Erzähle ihm, was deinem Volk an Wundern
widerfuhr, und wie Gott es bewahrt,
wie er ihm reiches Land gegeben hat,
in dem es nun in Frieden lebt.«*

Zögernd folgten die Menschen im Kreis seinen
Gedanken. Es war wohl noch zu viel für sie.
So weit hinaus vermochten sie nicht zu denken. Aber der Erzähler nahm sich vor, immer
wieder die Bilder jener alten Geschichten vor
ihre geistigen Augen zu stellen. Er erhob sich,
sprach noch ein Segenswort, wie es früher an
diesem Tempel gesprochen worden war, und
wandte sich auf seinen Weg. Über die riesigen
Steinklötze, von denen der ganze Tempelberg
bedeckt war, ging er hinab in seine Hütte.

»Höre Israel!« So ging es ihm durch den Kopf,
als er zwischen den Steinen seinen Weg suchte.
»Ja, so liegen sie herum, die Worte, wie ein Ur-
gestein, das unsere Väter uns hinterlassen haben. Wir müssen sie wiederfinden. Vielleicht
bauen sie sich selbst zusammen zu dem Tempel, den unser Volk nötig hat. Dem Tempel
aus vertrauenden Menschen. Jahrhunderte der
Gotteserfahrung haben sie behauen, bis einer
sie so aufstellen konnte, sie so in die Welt stellen, in ihrer ganzen Härte. Grundlage für ein
gesegnetes Leben. Und es wird dauern, bis sie
wieder zur Grundlage unseres Lebens hier geworden sind.

# 15. Der Urvater Jakob lebt in euch

Eines Tages fand er andere, die eben dabei waren zu verabreden, wer heute versuchen sollte, aus den Lebensmittellagern der Babylonier etwas für ihre Familien zu holen. Er setzte sich zu ihnen und hörte zu. Er konnte gegen ihre Pläne nichts einwenden. Sie mussten leben. Also mussten sie stehlen. Auf irgendeine Weise musste jeder sehen, dass er und seine Kinder nicht zugrunde gingen. Nachdenklich saß er dabei. Nach einer Weile erhob er sich und ging weiter.

Wenn er etwas wie ein neues Vertrauen in ihnen wecken wollte, musste er ihnen zeigen, wie das war mit gut und böse, mit erlaubt und verboten, mit hilfreich und verhängnisvoll. Und er musste in ihnen etwas wecken wie ein neues Selbstbewusstsein. Er musste ihnen zeigen, wer sie selbst eigentlich waren. Er musste ihnen von einem Menschen erzählen, der durch viele krumme Touren am Ende sich selbst wiederentdeckte und auf einen neuen und eigenen Weg fand. War da nicht ihr Urvater Jakob, der auch Israel hieß, wie ein Modell?

Und als er irgendwo wieder auf eine größere Versammlung von Frauen und Männern traf, die zwischen den Hütten sich drängten, und gerade niemand redete, da sagte er sich: Ich will es versuchen. Und er stellte sich vor eine der Hütten, gab ein Zeichen mit der Hand und begann:

Habt ihr Lust, eine Geschichte zu hören? Ja? Dann hört zu. Von einem Mann will ich erzählen, der vorzeiten gelebt hat. Kennt ihr ihn noch? Den Ahnherrn, von dem ihr abstammt? Den Jakob, den Enkel Abrahams? Dem ging es ganz ähnlich wie uns allen. Wollt ihr von ihm hören? Ja? Also:

Dieser Mann, der Vater der zwölf Stämme Israels, war ein Wanderer und Abenteurer. Ein eigensinniger Mensch mit einem starken Willen. Ein Riese an Körperkraft. Ein mit allen Wassern gewaschener Intrigant, dem es auf einen Betrug mehr oder weniger nicht ankam. Er wusste, wie man aus einer Notlage herauskommt. Wie man etwas wird aus irgendeiner Zweitklassigkeit. Wie man ein freier Mensch wird. Aber er war auch einer, der fähig war, einzusehen, was er falsch gemacht hatte, dazu zu stehen und die Fehler wieder gut zu machen. Er erlebte einen tiefen Absturz und einen wunderbaren neuen Anfang. Und ich glaube, was er tat und erlebte, das ist noch immer in uns allen. Er hatte ein feines Gehör für die Stimme Gottes. Dieser Mann hieß auch »Israel«: »Der mit Gott kämpft«! – und von ihm habt ihr euren Namen. Ja, mit Gott darf man auch kämpfen.

Wenn ihr euch fragt, wer ihr denn eigentlich seid, dann sagt euch: Wir sind Söhne und Töchter des Jakob. Und sagt das mit Stolz. Denn Jakob gehörte zu den Menschen, die jedes Ziel erreichen, das sie sich setzen. Die ihr Schicksal zwingen, wenn es ihnen etwas schuldig bleibt. Er war der Sohn von Rebekka und Isaak, sein Zwillingsbruder war Esau. Weil aber Esau vielleicht eine Stunde vor ihm zur Welt kam, war Jakob von Kindheit an der Benachteiligte. Esau war der Erstgeborene, also bestimmt zum Erben und zum Familienoberhaupt, während Jakob wusste, dass er leer ausging und für immer seinem Bruder unterstellt war. Wer will es ihm verargen, dass er von

Kindheit an den Bruder als den Rivalen ansah, der ihm das Glück gestohlen hatte. Denn der Ältere erbte alles, er war der Chef, und er nahm den besonderen Segen seines Vaters auf seinem Weg mit. »Das bleibt nicht so!«, sagte sich Jakob. Eines Tages fand sich eine Gelegenheit. Esau kam todmüde und halb verhungert von einer langen Jagd nach Hause, als Jakob eben dabei war, sich ein Gericht aus Linsen zu kochen. »Gib mir von dem roten Zeug!«, stöhnte er. »Ich sterbe vor Hunger!« Jakob sah die Gelegenheit günstig. »Wenn du mir dein Erstgeburtsrecht dafür gibst, sollst du davon haben!« Aber Esau konnte nicht mehr: »Was soll mir das Erstgeburtsrecht, wenn ich hier

Ein Junge geht die Treppe hinauf auf den Stufenturm von Ur. Die Treppe, über die die Boten Gottes nach uraltem Glauben zu den Menschen herab und die Gebete zu den Göttern hinaufgingen. Was Jakob träumte, war keine »Leiter«, sondern, wie schon gesagt, eine Himmelstreppe dieser Art.

So ähnlich wie ihn, dem ich in der Gegend von Haran begegnet bin, stelle ich mir Jakob vor, als er dort ankam und sich im ersten Augenblick in Rahel verliebte. Und als er anfing, als Hirte seines Onkels sein Glück zu machen.

vor Hunger sterbe?« Und er gab sein Recht, der Erbe zu sein, ab. Die zweite Gelegenheit ergab sich später. Der Vater Isaak war alt, blind und dem Tode nahe. Es wurde Zeit, dass er seinen Segen über dem Erstgeborenen aussprach. Der Segen war eine Macht. Er verschaffte Kraft, Erfolg, Glück und Reichtum. Jakob also inszenierte eine raffinierte Verkleidungsgeschichte, stellte sich seinem blinden Vater als Esau vor und ließ sich segnen. Als Esau sah, dass er be-

trogen war, schwor er blutige Rache: »Wenn mein Vater tot ist, bringe ich ihn um!« So flüchtete Jakob. Er verschwand bei Nacht und Nebel in Richtung Ausland. Er floh zu einem verwandten Beduinenclan in Haran nördlich der syrischen Wüste.

Unterwegs kam er abends an einen Ort auf der Höhe nördlich von Ramallah, der später Bethel hieß, und legte sich schlafen. Da hatte er einen imposanten Traum. Vor ihm erhob sich ein Bauwerk nach Art der Stufenpyramiden am Euphrat, an deren Vorderseite eine gradlinige Treppe bis zur Spitze hinaufführt. Bei jenen Stufenpyramiden war unten in der Ebene am Beginn der Treppe der Ort für das »Haus Gottes«, den Tempel, in dem der Priester agierte, und oben auf der Spitze stand ein kleines Tempelchen, das man »Pforte des Himmels« nannte. Der Sinn dieser Treppe war, dass auf ihr die Boten eines Gottes oder einer Göttin herabsteigen konnten zu den Menschen, wenn die Priester unten den Willen Gottes erkennen wollten, mit einer Botschaft von Gott, und dass diese Boten des Himmels die Gebete der Menschen hinauftragen konnten zu Gott, zur Pforte des Himmels.

So träumte nun Jakob, eine solche Treppe steige vor ihm von der Erde zum Himmel auf und Gottes Engel stiegen auf ihr auf und nieder. Oben aber stehe Gott und spreche zu ihm. Er verspreche ihm, dem Flüchtling, Dreierlei: Er werde einmal das Land besitzen, auf dem er ruhe. Seine Nachkommen würden sich weit und breit ausbreiten. Und er selbst, Gott, werde ihn auf seinen Wegen begleiten und schützen. Als Jakob am Morgen erwachte, fürchtete er sich und sagte: Schrecken erregend ist dieser Ort: Hier ist tatsächlich das Haus Gottes und die Pforte des Himmels! Hier will ich, wenn ich zurück bin, einen Tempel bauen.

∗

Wohlgemut und hoffnungsvoll wanderte Jakob weiter, erreichte Haran, verliebte sich alsbald in die junge und schöne Rahel. Er zeugte elf Söhne, wurde Teilhaber an den Herden Labans, des dortigen Familienoberhaupts, und wurde mit allerlei Tricks reich. Nach zwanzig Jahren befreite er sich aus dem Machtbereich Labans und brach mit allem, was ihm gehörte, auf, um zu seiner Familie im Raum nördlich Jerusalems zurückzukehren. Und da beginnt nun seine Geschichte für uns wichtig zu werden.

Er wanderte also, vermutlich über Damaskus und das Ostjordanland, und kam eines Abends in die Schlucht des Jabbok, eines Flusses, der dem Jordan von Osten her zufließt. Dort aber, am Grenzfluss zu seiner Heimat, überfiel ihn plötzlich eine panische Angst. Zwanzig Jahre lang hatte er ausgeblendet, was er seinem Bruder angetan hatte, und plötzlich wurde ihm klar, dass sein Bruder zur tödlichen Rache nicht nur berechtigt, sondern verpflichtet war. Es wurde ihm klar, dass er praktisch, wenn er den Fluss überschritt, in den Tod ging. Ihm begann vor seinem Bruder zu grauen. Aber dabei ging ihm auch auf, dass sein ganzes erfolgreiches Leben eine Folge von Betrügereien gewesen war. Es war alles nicht echt gewesen. Es war alles nur scheinbar geglückt. Es war alles gestohlen. Und vor ihm stand die Erkenntnis, wer er wirklich war: der große Verlierer.

Dabei fiel ihm auch ein, dass er Gott gegenüber sich immer verhalten hatte wie ein Teppich-

händler. Wie er sich Gott immer vorgestellt hatte als den Lieferanten von Glück, Erfolg und Wohlergehen. Wie er immer von einem Gott geträumt hatte, der ihm zu Diensten war und den er mit Versprechungen bezahlen konnte. Aber nun, an diesem Abend am Jabbok, ist dieser Gott plötzlich nicht mehr vorhanden, er verschwindet in der Finsternis. Plötzlich beginnt eine Wahrheit auf ihn zuzuspringen. Wir bedenken: Jakob war unser Urvater. Das bedeutet, dass er in uns allen ist und dass sein Schicksal mit dem unseren zusammen hängt.

Jakob wird mehrfach als ein Kraftprotz geschildert. Aber nun beginnt er, der Überlegene, der Erfolgsverwöhnte, sich vor dem schwächeren Bruder seltsam zu fürchten. Immer dichter spinnt die Vergangenheit ihn ein. Er sendet allerlei übliche Geschenke voraus an seinen Bruder, um diesen zu versöhnen. Jedoch er merkt: An den Tatsachen ändern alle Geschenke nichts. Er ruft Gott an und will ihn an seine Zusagen erinnern, aber Gott antwortet ihm nicht. So schickt er seine Familie mit den Viehherden durch das Wasser der Furt hinüber ans andere Ufer und weiter auf den Weg, und bleibt einsam zurück am Fluss.

Der Platz liegt zweihundert Meter unter dem Meeresspiegel. Bethel hatte auf der Höhe gelegen, achthundert Meter über dem Meer. Tausend Meter höher also lag damals sein euphorischer Traum. Unten stand er in der Finsternis. Und in dieser Finsternis bekam er plötzlich sich selbst zu sehen. All das Finstere, alle Gemeinheit, aller Missbrauch mit dem Segen Gottes – es sprang auf ihn zu mit der

Dieses Bild zeigt den Jabbok, der von den Bergen von Amman durch eine Schlucht dem Jordan zufließt und der für eine Nomadengruppe bei hohem Wasserstand und seiner raschen Strömung tatsächlich schwierig zu überschreiten gewesen sein muss.

Die Geschichte des nächtlichen Kampfes geht von der uralten Vorstellung aus, ein Fluss sei von einer dämonischen Macht bewacht, wie alle Grenzen und Übergänge. Wer den Namen kennt, kann den Fluss oder die Grenze überschreiten. Das ist der Grund, warum Jakob den dunklen Gott, der ihm da in der Nacht streitbar entgegentritt, nach seinem Namen fragt.

Gewalt einer dämonischen Macht. Gott – auch Gott war plötzlich die Nacht selbst, er verdichtete sich zu einer Macht aus der Hölle. Die Geschichte erzählt: Es sprang ihn ein Mann an und kämpfte mit ihm.

Vielleicht dachten die ersten, die uns diese Geschichte erzählten, an einen Grenzdämon oder einen Flussgeist. Aber alles, was sich hier so gefährlich verdichtet, war er selbst. Jakob. Der nächtliche Fluss, die Schlucht, die Angst und der Dämon – alles fand in ihm selbst statt.

Nun hätte Jakob sich ja auch entziehen können. In allerlei Ausreden flüchten: Ich konnte doch gar nicht anders! Wer hätte mich denn glücklich machen wollen, wenn ich es nicht selbst getan hätte? Für sein Fortkommen tut doch jeder, was er kann! Aber Jakob entzieht sich der Begegnung nicht. Er ist kein Schwächling. Er nimmt es mit der dunklen Gefahr auf. Er kämpft. Er kämpft lange, bis seine Riesenkräfte an ihr Ende kommen.

Da schlägt der Dunkle dem Jakob auf das Hüftgelenk, so dass es sich ausrenkt. Danach will er sich losreißen und sich entfernen. Aber Jakob hält ihn fest. Er stellt ihm eine Bedingung: Ich lasse dich nur los, wenn du mich segnest! Damit aber beginnt die Situation sich zu ändern.

Der Fremde erfüllt die Bitte des Jakob nicht sogleich. Er fragt ihn vielmehr nach seinem Na-

men. Wer unter uns nach dem Namen fragt, fragt nach der Identität. Er fragt nicht so sehr: Wie heißt du? Sondern: Wer bist du? In einem Kampf aber wird keiner von beiden seinen Namen preisgeben. In jener alten Zeit bekam, wer den Namen des Gegners wusste, Macht über ihn. Wenn einer also während eines Kampfes nach seinem Namen gefragt wird, wird er antworten: »Wer ich bin, das geht dich nichts an.« Er würde sich selbst aufgeben, er machte sich wehrlos.

Aber das ist nun entscheidend: Jakob hat diesen verwegenen Mut, sich zu öffnen. Sich preiszugeben. »Ich heiße Jakob«, sagt er. Er bekennt sich zu sich selbst und zu seiner Lebensgeschichte. Er legt seine Selbstüberschätzung ab, seine Ausreden, seine Beschönigungen und sagt: »Ja, das bin ich.«

Und dieser Dunkle verändert ihn. Er sagt ihm: Ich sehe in dir einen anderen Menschen entstehen. Ich sehe eine neue Wahrheit in dir aufleuchten. Du sollst einen anderen Namen bekommen. Man hat dich bisher Jakob genannt, das heißt den Trickser, den Spalter. Du sollst einen neuen Namen tragen, nämlich Israel. Du hast mit Gott und mit Menschen gekämpft, zuletzt mit Gott und dir selbst und hast gesiegt. Wenn wir den Namen Israel übersetzen, so lautet er: »Gott möge mein Herr sein.« Das heißt, ich will Gott so gegenüber stehen, wie es seiner Wirklichkeit, seiner Heiligkeit angemessen ist. Nicht ich bin künftig Herr über mein

Schicksal. Nicht ich selbst will künftig mein Glücksbringer sein. Ich nehme das Schicksal an, das Gott mir zuweist. Ich bin keine Heldengestalt, ich bin ein schlichter Mensch und stelle mich dem wirklichen Gott.

Am Ende stellt Jakob die Gegenfrage: Wer bist denn du? Wie ist dein Name? Aber der andere antwortet: Frage nicht nach meinem Namen. Du weißt, dass du Gott gegenüberstehst, nun, da du es zum ersten Mal wirklich mit dir selbst zu tun hast.

*

Was hat denn der dunkle Gott mit Jakob gemacht? Jakob hatte gesagt: »Ich lasse dich nicht los, wenn du mich nicht segnest!« Gott aber tut zweierlei. Er greift nach Jakobs Hüfte und renkt sie aus. Und er beugt sich über ihn und gibt ihm den Segen. Segnen heißt Kraft übertragen. Innere und äußere Kraft.

Jakob hat seine Schuld nicht gebüßt. Sie wird ihm auch nicht ausdrücklich vergeben. Aber es zerreißt plötzlich das ganze Gewebe, das ihn eingesponnen hatte, und er fasst nach dem einzigen Halt, den er noch hat, er greift nach Gott selbst. Und Gott segnet ihn, den anderen

Jakob. Den Israel. Und als alles durchgestanden ist, nennt Jakob den Ort »Pniel«, das heißt: Ich habe das Gesicht Gottes gesehen und wurde gerettet. Gott hatte bisher für mich immer nur mein eigenes Gesicht. Nie hatte ich den wirklichen Gott gesehen.

Als danach Jakob die Furt durchschritt, ging ihm die Sonne auf, und er hinkte an seiner Hüfte. Er setzte seinen Weg jenseits des Grenzflusses fort, nicht mehr als der unversehrte, gesunde, selbstgewisse Mensch, als der er zwanzig Jahre zuvor in die Fremde aufgebrochen war, sondern verletzt und angeschlagen wie wir. Als ein Gewandelter; als einer, der, nachdem er sich selbst begegnet war, auch seinem Bruder begegnen konnte. Denn der kam ihm tatsächlich entgegen mit vierhundert Mann. Aber dieser Bruder schlug ihn, den Jakob, nicht tot, sondern lief ihm entgegen, umarmte ihn, fiel ihm um den Hals und küsste ihn, und sie weinten miteinander. Am Ende sagt Jakob: Ich habe dein Gesicht gesehen und sah in ihm Gottes Angesicht.

Müde vom langen Stehen setzte der Alte sich seitab auf einen Stein und saß da eine lange Weile neben den schweigenden Menschen. Dann fing er noch einmal an: Wer sind wir denn? Wer bin ich? Wer seid ihr? Die Babylonier haben uns den Mut genommen zu sagen, wer wir sind. Wir sind einfach der Dreck in der Landschaft. Sagen wir uns immer wieder: Wir sind Töchter und Söhne dieses Israel! Was damit alles gesagt ist, wissen wir kaum noch. Aber Gott weiß es. Das ist genug. Wir wissen nicht, was uns erwartet. Aber es ist einer, der es weiß. Wir kämpfen hier um unser Leben, mit unserer harten Arbeit, und auch mit unseren Tricks. Aber Gott will uns segnen wie Jakob in seiner dunklen Schlucht. Wir sind nicht besser als die Babylonier drüben in ihrem Stützpunkt. Aber wir brauchen nicht zu bleiben, was wir sind. Wir sind umgeben von Spott und Missachtung und Gewalt. Aber wir können den Mut finden, es mit dem nächsten Tag aufzunehmen. Im Frieden. Geht jetzt schlafen. Gute Nacht.«

# 16. Der Anfang unserer Geschichte war eine Befreiung

Am anderen Tag saß er wieder im Kreis jener Männer, die miteinander nach den ersten und ältesten Ereignissen ihrer Geschichte fragten, und berichtete von dem Abend, an dem er die Geschichte des Jakob erzählt hatte.

»Wir müssen ihnen mehr erzählen«, meinte er. »Vor allem das Wichtigste, das in der Zeit der Anfänge unserer Geschichte geschehen ist. Von den Stämmen Israels, die in Ägypten vor dem Hunger Zuflucht suchten. Und die dort zu Sklaven gemacht wurden. Denn genau das ist unsere Situation. Es ist, als wiederholte sich die Geschichte. Und aus dieser Sklaverei fanden sie heraus durch einen Eingriff Gottes in ihre hoffnungslose Lage. Was wir brauchen, ist, dass die Leute Mut fassen. Ist es nicht so? Wenn einer verstehen will, was die Zukunft von ihm verlangt, muss er zurückdenken in die Vergangenheit. Ohne Einsicht in das Überkommene, ohne die Ermutigung durch die Geschichte wächst kein Wille zur Zukunft. Und selbst wenn ein Wille zur Zukunft entstehen könnte, so wäre er doch ohne Orientierung. Ohne Richtung.«

Und so machten sie sich an die Arbeit, die Anfangsgeschichte in ihren Papieren aufzusuchen und sie neu und anders aufzuschreiben, als sie ihnen vorliegt. Sie erzählten davon in kleinen oder großen Versammlungen, und

immer wacher, immer interessierter gingen die Menschen mit. An einem Abend, nach einem arbeitsfreien Tag, an dem sie einmal wieder hatten ausschlafen können, saß einer von ihnen, den Schreibern, mit den Familien eines der Dörfer vor den Hütten. Er erzählte davon, was er und die anderen taten mit ihren Papieren drüben in dem Haus in Jerusalem. »Wir sammeln Geschichten. Wir müssen wissen, was früher mit unseren Vorfahren geschehen ist, damit wir wieder wissen, wer wir eigentlich sind.«

»Hast du uns eine von diesen Geschichten?«, fragte eine Frau. »Erzähl doch!« Und der Mann setzte sich an einen Platz, an dem ihn alle hören konnten, und begann:

»Denkt euch zurück in lange vergangene Tage, als wir noch keine Könige hatten. In die Zeit unserer Vorfahren. Da ist etwas gewesen wie das Unglück, das uns getroffen hat. Wir sind die wertlosen Arbeitstiere der Babylonier. Das ist klar. Aber wir sind in unserem Volk nicht die ersten, die als Sklaven von einem Tag in den anderen leben. Vor siebenhundert Jahren geschah das schon einmal. Unsere Väter, die Söhne des Jakob, lebten hier in diesem Land. Da kam eine Hungersnot. Sie suchten Zuflucht in Ägypten, wie es damals viele taten. Dort wurden sie aufgenommen, und alles ging gut. Aber eines Tages wurden sie zu Sklaven gemacht. Sie mussten für den König von Ägyp-ten Ziegel brennen und Mauern, Kasernen und ganze Städte bauen. Das ging drei oder vier Generationen lang.

Da ging eines Tages ein Mann namens Mose zu den arbeitenden Sklaven, den Israeliten, hinaus. Er war selbst ein Israelit, aber er war von einer Prinzessin des Hofes adoptiert worden und als Ägypter erzogen. Der sah, als er an den Arbeitsplatz kam, einen Ägypter, der eben einen Sklaven, einen Israeliten, schlug. Als er den Ägypter danach allein traf, erschlug er ihn und verscharrte ihn im Sand.

Die Sache sprach sich herum, und es blieb Mose nichts übrig, als in die Wüste zu fliehen und dort bei den Midianitern, einem Stamm von Hirten, zu leben.

Lange Zeit danach – er hatte inzwischen die Tochter eines midianitischen Priesters geheiratet und arbeitete nun als Schafhirt – geriet er mit seiner Herde über die Grassteppe hinaus in die Wüste und kam an den Berg Gottes. Dort sah er einen Strauch, der mit heller Flamme brannte und doch vom Feuer nicht verzehrt wurde, ging hin und wollte die seltsame Erscheinung prüfen. Da rief ihn eine Stimme aus dem Feuer an: Mose! Mose! Er antwortete: Ich höre! Und die Stimme fuhr fort:

*»Tritt nicht näher heran.*
*Zieh deine Schuhe von deinen Füßen,*
*denn der Ort, auf dem du stehst,*
*ist heiliges Land.*
*Ich bin der Gott deines Vaters,*
*der Gott Abrahams, Isaaks und Jakobs.«*

Da streifte Mose die Sandalen ab und zog sein Obergewand über das Gesicht, aus Furcht, beim Anblick des fremden Gottes zu sterben. Er hörte: »Geh zu deinem Volk! Führe es aus der Sklaverei. Bring es zurück in das Land, das Abraham bewohnt hat!«

Mose ließ Frau und Kind im Haus ihres Vaters in Arabien, um sie nicht in Gefahr zu bringen, und wanderte durch den Sinai zurück, durch die Grenzsperren und zu den Hütten der Zwangsarbeiter, und schließlich zum nahe residierenden Pharao, mit dem er verhandeln sollte.

Eines Tages aber, als die Verhandlungen ergebnislos verlaufen waren, rief er zum nächtlichen Aufbruch. Was die Menschen eben tragen konnten, rafften sie zusammen und eilten zur Wüste hin, an den Grenzbefestigungen vorbei nach Osten. Aber da breitete sich das endlose Wasser vor ihnen. Da standen sie. Im Wasser ist der Tod. Wer keinen anderen Weg hat als

Ein Tempel wurde in Ägypten zu Ehren des Königs wie eines Gottes gebaut. So stand das Standbild des Königs gleichberechtigt neben den Figuren der Götter. Der Stein in Rosengranit liegt in Memphis, der alten Hauptstadt im Nildelta. Ramses II. ließ hier seinen Namen einhauen, verbunden mit den Attributen eines Gottes.

Er war derjenige Pharao, von dem die Mose-Geschichte erzählt.

den durch das Wasser, ist am Ende. Hinter ihnen waren die Streitwagenkolonnen der Ägypter. Die würden sie zusammenschlagen oder ins Meer treiben. In den Tod.

Aber da geschah so etwas wie ein Wunder. Sie wurden nicht zusammengeschlagen, sondern fanden mitten im Wasser einen Weg. Ein Ostwind, so erzählten sie später, kam und legte das flache Wasser trocken. Da eilten sie also auf seinem Grund ans andere Ufer. Sie wussten keinen Augenblick, wann das Wasser zurückkehren würde, sie waren sozusagen schon auf dem Boden ihres eigenen nassen Grabes – und kamen hindurch. Das Wasser kam wieder. Es kam sogar sehr schnell wieder, aber es kam über die Verfolger. Mit Mann und Ross und Wagen gingen sie unter, und das gejagte Volk stand frei und unversehrt am anderen Ufer.

Aber ich will es euch genauer sagen, als man es bisher erzählt hat. Nicht irgendwo gingen ihre Väter durch das Meer, sondern an Baal Zephon vorbei. Das muss ich erklären. Im Norden, an der Küste des Meeres, steht auf einer langen Nehrung ein Heiligtum des Baal, des Gottes der Syrer, der ein Herr ist über das Meer und der von den Schiffern verehrt wird. Dieser Gott des Meeres war zugleich der Schutzgott der Ägypter, des Pharao.

Ihr wisst, dass eure Väter sich vor dem Meer fürchteten, weil in ihm das Chaos zu Hause war in Gestalt von Drachen und Ungeheuern, die nach der geordneten, gesicherten Welt der Menschen griffen. Diesen Unterweltmächten trat Baal nach dem Glauben der alten Völker entgegen und verbannte sie in den See, den die Nehrung von Baal Zephon einschließt. Wenn ein Drache sich rührte, bebte die Erde, und Überschwemmungen überfluteten die Ufer. Aber nun gingen eure Vorfahren genau in das Wasser, auf dessen Grund der Drache hauste, vorbei am Heiligtum des Baal, über die flache Nehrung. Wie zum Spott für den Gott, der zuständig war für die Rettung aus dem Meer, rettete der Gott eurer Väter sie aus dem Wasser. Was aber trafen sie an auf dem Grund des Meeres? Festen Grund. Keinen Drachen. Die Ungeheuer, die ihnen Angst machten, waren nicht da. Das war die erste Erfahrung.

In jener Nacht, als sie aus den Hütten der Ziegelarbeiter aufbrachen, da entschieden sie sich, mit dem wirklichen Gott zu rechnen. Sie sprachen dem Staat, den Aufsehern und den Grenztruppen das Recht ab, sich wie Götter zu gebärden. Damit sind sie keine Helden geworden. Sie mussten nur vertrauen. Wie Mose ihnen sagte: »Gott wird für euch streiten, und ihr braucht nur still und ruhig euren Weg zu gehen.« Das ist das Zweite.

Das Dritte geschah am anderen Morgen. Als die Sonne aufging, nahm Mirjam, die Schwester des Aaron, die Handpauke, sang und tanzte, die Frauen tanzten hinter ihr her, und die Männer schlugen mit den Händen den Takt:

*Familie im Schilfhaus am Nil*

»Gott allein hat die Macht!
Ross und Mann stürzt er ins Meer!«

Sie nahmen ihre neue Freiheit in die Hand und fanden sich in der Ekstase wieder. Weiter planen konnten sie später. Zunächst sangen sie einfach: Wir sind gerettet! Wir sind frei!

Ich will euch einen Psalm singen, den wir im Tempel in Jerusalem gesungen haben. Und er stand auf und fing an, mit seiner alten und brüchigen Stimme zu singen:

»Als Israel aus Ägypten in die Freiheit ging,
da wurde Juda Gottes Heiligtum,
Israel sein Königreich.
Das Meer sah das und wich zurück,
der Jordan verlor sein Wasser.
Die Berge sprangen vor Erregung
wie die Widder,
und die Hügel hüpften wie die Lämmer.«
Psalm 114

Sie hätten nun ihren Schritt in die Freiheit nachträglich entwerten können: War das richtig? Hätten wir nicht bleiben sollen, wo wir waren? Was ist, wenn das ein Fehler war? Aber nein, sie singen! Sie freuen sich ohne Vorbehalt und danken Gott. Sie nehmen an, was die Stunde gibt. Und plötzlich, indem sie ihre Freiheit annehmen, sind sie aus ihrer Angst herausgehoben.

*

Unser eigentliches Elend im Elend ist ja, dass wir über die nächste Mahlzeit hinaus keine Gedanken mehr frei haben, und schlimmer als die Knechtschaft ist die Resignation. Vielleicht haben unsere Väter in Ägypten gar nicht mehr wirklich gelitten, bis einer kam und sie aus ihrer stumpfen Ergebenheit herausriss. Bleibt wach, bis einer kommt und euch ruft! Bleibt bei eurer Sehnsucht, damit ihr eure Stunde nicht verträumt. Vielleicht kommt dann einmal der Tag, an dem ihr den Schritt tun könnt in die Freiheit.

*Tempel in Kom Ombo*

Durch eine dieser Lagunen am Rand des Nildeltas könnten sie gezogen sein. Was wir uns unter einem »Schilfmeer« vorzustellen haben, das finden wir dort noch überall: zwischen vier Meter hohen Schilfwäldern flache Salzlagunen, teils unmittelbar hinter der Küste, teils als seenartige Wasserflächen rechts und links der Nilarme, in denen die Fischer, die mit ihren schmalen Booten und langen Stangen ihrer Arbeit nachgehen, zugleich zeigen, dass diese Lagunen selten tiefer sind als so, dass ein Mensch noch hindurchwaten kann. Sie brauchen also kein Ruder oder Segel, sondern schieben sich von Schilfinsel zu Schilfinsel weiter. Nehmen wir den Ausdruck »Schilfmeer« wörtlich, dann sind die Söhne Israels durch ein Wasser dieser Art und durch den weichen Schlick auf seinem Grund gewatet.

So stellen sich die Schreiber des »Stuttgarter Psalter«, einer Psalmenhandschrift aus dem 8. Jahrhundert, aus St. Germain des Près bei Paris, diese Geschichte vor: Da geht Christus, in der Linken das Wort von Gott, in der Rechten den Kreuzstab, über das Wasser hin, während hinter ihm das Volk steht, das überrascht sieht, dass Christus nicht untergeht und dass sie ihm nachfolgen sollen.

Eure Gefahr ist die, dass ihr meint, ihr könntet euch einer übermächtigen Umwelt fügen und Gott, irgendwo in einem verängstigten Herzen versteckt, dennoch dienen. Wen haltet ihr für Gott? Wem wollt ihr dienen? Den Babyloniern oder Gott? In jener langen Nacht, als sie aus den Hütten der Ziegelarbeiter durch das Grenzgelände marschierten, vor sich den Sumpf und das Wasser und am jenseitigen Ufer den Sand der Wüste, hinter sich die

Streitwagen des Königs, entschieden sie sich, mit dem wirklichen Gott zu rechnen.

Wer ist denn Gott, wenn Baal oder Marduk nichts sind? Wie groß denken wir eigentlich von Gott? Gerät uns das Bild, das wir uns von Gott machen, nicht notwendig zu klein, wenn unsere Umwelt uns zu mächtig wird? Haben wir nicht allesamt einen im Grunde ohnmächtigen, untätigen Gott? Unser Leben ist in Stufen angelegt. Wer älter wird, betritt immer wieder, von seiner Kindheit bis in sein Alter, eine neue Stufe der Selbsterkenntnis und der Welterfahrung. Es ist also nötig, von Stufe zu Stufe neu über Gott nachzudenken und sein Bild zu korrigieren, damit wir nicht den klei-nen Gott behalten, den unsere Mutlosigkeit an die Wand malt.

Und noch eins: Wenn es euch gelungen ist, von Gott größer zu denken, dann denkt auch groß genug von euch selbst. Denn indem Gott größer wird als die so genannte Wirklichkeit, wird er auch in euch selbst größer, und mit ihm zusammen werdet ihr selbst mehr sein, als ihr gewesen seid: nämlich von Gott gerufene, ganze, unverletzliche Menschen. Ihr braucht nur den Ruf zu hören, der euch gilt, und ihn aufzunehmen. Als freie Menschen. Mit weitem Herzen. Lasst die Welt in euer Herz ein und geht in aller Gelassenheit den Weg, den euch Gott zugedacht hat.

# 17. Unsere Hoffnung muss weit ausgreifen

»Und wie geht deine Geschichte weiter?«, fragte einer. »Ja!«, riefen andere. »Erzähle weiter!« »Wie es weiterging, wollt ihr wissen?« Der alte Mann saß eine Weile schweigend. »Ja. Was geschah danach? Hört zu!«

»Ich habe erzählt, wie sie tanzten und sangen. Danach aber stand plötzlich die Wirklichkeit wie eine dunkle Wetterwolke vor ihnen. Sie sahen keine Streitwagenkolonne mehr. Die Truppe des Pharao war im Schlamm versunken. Der Weg in die Freiheit konnte beginnen. Aber da erst ging ihnen auf, wie das Abenteuer aussah, auf das sie sich eingelassen hatten.

Drei Tagesmärsche weit gingen sie in die Wüste hinein. Aber sie fanden kein Wasser. Da griff die Panik nach ihnen. Als sie endlich Wasser fanden, war es salzig. Da schrien sie dem Mose ins Gesicht: »Wären wir doch in Ägypten geblieben! Da saßen wir vor den Fleischtöpfen und hatten Brot, so viel wir wollten. Du hast uns in diese Wüste gelockt, damit wir hier umkommen.« »Man muss umkehren, wenn man merkt, dass man einen Fehler gemacht hat.« »Lieber ein lebendiger Hund sein als ein toter Löwe!«

Es könnte uns allen hier ähnlich ergehen, wenn die Babylonier eines Tages aus unserem Land abziehen sollten. Wenn wir dann nicht wissen, wie wir in der Freiheit und in unserer Armut zurechtkommen und was wir miteinander erreichen wollen, kann es sein, dass wir uns die Besatzer zurückwünschen. Sie garantieren uns wenigstens die primitivsten Lebensbedingungen. Wir müssen uns heute schon klar machen, wie wir dann mit unserer Not zurechtkommen. Die Leute in der Wüste wussten ja nicht, was die Beduinen, die dort lebten, selbstverständlich wussten, wie man nämlich in der Wüste lebt. Wie man zum Beispiel Wasser findet. Mose, der schon Jahre lang in der Wüste gelebt hatte, wusste es und zeigte es ihnen. Er nahm seinen Stock und schlug an einen Felsen, da kam Wasser aus dem Gestein. Ein Wunder Gottes! Aber es war nur einfach ein Wissen, das aus der Erfahrung kam. In der Regenzeit sammelt sich Wasser in den Felsen und hinter ihnen. Es tritt durch die Risse im Gestein nach außen. Aber der Wüstenwind treibt Staub und Sand gegen die feuchten Stellen, und es bildet sich eine Kruste, die die Risse verschließt. Dann nehmen die Hirten einen Stock und schlagen die Kruste weg. Das Wasser beginnt zu fließen. Die Leute wussten eben nicht, wie man hier überlebt. Und so sprachen sie von einem Wunder. Sie mussten lernen. Erfahrungen sammeln, damit sie mit ihrer neuen Situation zurechtkamen.

Erstaunlich bleibt, dass die Leute aus der Wüste nicht zurückflüchten. Trotz aller ihrer Angst suchen sie nicht den Rückweg zu den Ziegelöfen, wo man sie vermutlich mit Hohngeschrei empfangen und mit Prügeln den Kolonnen der Sklaven wieder eingefügt hätte. Sie schleichen sich nicht davon. Ihr Zug löst sich nicht auf.

Der Erzähler schwieg eine Weile. Nach einigen Augenblicken machten einige ihren Bedenken Luft. »Wie soll man sich das vorstellen? Sie haben doch Gott gar nicht gesehen? Woher konnten sie wissen, dass Mose ihnen kein Märchen erzählte, wenn er von Gott sprach?«

Sie klagen Gott an, aber sie leugnen ihn nicht. Sie wollen das entbehrungsreiche Leben nicht, aber sie sichern es doch, indem sie lernen, es zu bewältigen. Und in dieser widerwilligen Bereitschaft, es mit dem Gebot der Stunde aufzunehmen, zeichnet sich der Weg ab, den wir Menschen immer und immer wieder zu gehen haben, in dem Vertrauen, wo der Tod droht, könne doch das Leben gelingen. Denn nicht nur der Tod ist anwesend, sondern auch Gott.«

»Natürlich haben sie ihn nicht gesehen. Aber sie haben ihn geglaubt. Und als Erstes zeigte ihnen Mose, dass sie weiter vorausschauen mussten auf ihren Weg. Dass sie eine Hoffnung fassen mussten, die weit hinausreichte über das Stück Weg, das sie vor sich sahen. Wenn ihr an den Himmel aufschaut, dann seht ihr eine weiße Wolke. So wie diese Wolke geht Gott vor euch her. Fern und ungreifbar. Aber wenn wir unsere Köpfe heben und vorausschauen, finden wir unseren Weg hier unten. Ein Glaube muss

es sein, der uns den Weg zeigt. Wie eine Wolke. Und so, mit diesem Blick in die Zukunft, fanden sie ihren Weg. Das ist das Zweite, das auch wir finden müssen, hier in Babylon.«

Der Alte fuhr fort: »Bei Nacht schauten sie nach dem Feuer am Himmel, nach dem Licht der Sterne. Auch das mussten sie lernen. Die Nomadenclans, die hier wandern, können das seit Urzeiten, und sie finden ihren Weg, wenn sie in der kühlen Nacht wandern statt am glühheißen Tag. So hat schon euer Vater Abraham zum Himmel aufgeschaut, die Sterne betrachtet und auf die Stimme gehört, die da zu ihm sprach. Und auch wir dürfen nicht nur auf die Piste starren, die unsere Füße suchen. Erst wenn wir Erde und Himmel so groß sehen, wie sie wirklich sind, werden uns unsere kleinen Schritte den richtigen Weg führen.

Aber noch etwas Drittes mussten sie lernen. Was stellten sie sich denn vor, wenn sie an das Land dachten, das Land ihrer Väter, in das sie kommen wollten? Sie sagten: Es muss ein Land sein, in dem Milch und Honig fließen. Aber damit griffen sie zu kurz. Milch und Honig sind ja gerade nicht die Nahrung, die ihnen das Ackerland anbietet. Sie sind die Nahrung der Hirtenfamilien in der Wüste. Milch geben die Ziegen, Schafe und Kamele. Honig findet

*Sonnenaufgang auf dem Dschebel Musa*

man zwischen den Felsklippen. Sie machen ihre Hoffnung an dem fest, was sie heute sehen. Sie denken mit ihren Zukunftsvorstellungen gerade nicht über die Wüste hinaus, sondern bleiben der Gegenwart verhaftet. Was ist denn die Nahrung, die ihnen das Kulturland anbieten wird? Es sind in der alten Symbolsprache das Brot und der Wein. Brot wächst auf dem Acker. Wein entsteht, wo Menschen mit viel Sachkenntnis und viel Sorgfalt ihre Weinstöcke pflegen. Das war das Dritte, was sie lernen mussten: Dass sie über ihre nahe liegenden Hoffnungsbilder hinausschauten. Es war entscheidend, dass die Zukunft für sie nicht einfach die verbesserte Gegenwart war. Dass sie den Gedanken fassten, Gott gehe ihnen voraus wie eine Wolke oder wie ein Stern. Sie müsse erarbeitet werden. Und am Ende fanden sie in der Tat, nach vierzig Jahren allerdings erst, ihr Ziel: dieses Land.

Während der Alte redete, wurden die Schatten länger. Am Ende schloss er: »Die Nacht wird kalt. Geht nach Hause. Morgen ist wieder ein Tag. Die Macht der Babylonier wird morgen so groß sein, wie sie heute war, und nichts wird sich geändert haben. Aber vielleicht lernen wir doch hinausschauen über diese Zeit und vertrauen. Vertrauen auf Gott, der noch Gedanken über uns hat. Seine Gedanken freilich sind anders als die unseren. Und die Wege, die er uns führt, sind anders als die Wege, die wir gerne gehen möchten. Aber es werden Wege sein in eine gute Zukunft. Wenn ihr einmal wieder wollt, erzähle ich weiter. Gute Nacht. Schlaft gut!«

\*

Es ist etwas vom Großartigen am Geist und an der Überlieferung des biblischen Volkes, dass es genau diesen mühseligen, fragwürdigen, gefährlichen Weg, die »Wüstenwanderung«, zum zentralen Symbol seines Wesens und seiner Geschichte gemacht hat. Als es dieses Zeichen fand, es war in der Zeit nach der Zerstörung Jerusalems, fand es seine Identität, seine Richtung, sein Ziel und den Sinn seines Weges wieder. Unter diesem Symbol überlebte es Jahrtausende der Verfolgung und der Bedrängnis. Über die Jahrtausende seiner Heimatlosigkeit blieb das Bild von dem in Wolke und Licht gegenwärtigen Gott vor seiner Seele. Das Bild von dem Gott, der in unerschütterlicher Treue zu seinem anscheinend verlassenen Volk steht.

# 18. Gott donnert auf dem Berg

In dem schmalen Tal, das sich von Osten her um Jerusalem zieht, trafen sich vor allem die Frauen, wenn sie waschen oder Wasser holen wollten. Da war an einem Höhleneingang die Quelle Gihon. Dort pflegten sie sich auszutauschen, einander Hinweise zu geben, wie sie durchkommen könnten, Nachrichten über das, was am Tag vorher geschehen war. Früher hatte man an dieser Stelle die Könige gesalbt und geweiht. Jetzt sammelte sich hier alles Elend aus der Umgebung. Vor allem aus dem Dorf, dessen Wohnhöhlen in den Felsen gegenüber der Stadt gegraben waren.

Hier an dem Bach, der an der Südspitze Jerusalems vom Siloahteich aus ins Freie tritt, waschen die Frauen heute noch ihre Wäsche.

Einer der Männer, die oben zusammenzusitzen pflegten, um die Papyrusbündel mit den Überlieferungen zu ordnen, und andere hinzuzufügen, die man noch irgendwo fand, ging seines Weges dieses Tal hinunter, kam an der Quelle vorbei und stieg zu ihr hinab, um zu trinken. Dabei hielten ihn einige der Frauen auf. Eine redete ihn an: »Einer von euch soll neulich die Geschichte erzählt haben, wie unsere Vorfahren aus der ägyptischen Sklaverei freikamen. Mein Mann hat es mir erzählt. Wie ging denn das weiter?« Und die Frauen nahmen ihre Krüge von der Schulter und setzten sich, seitab der Quelle. »Unsere Männer reden seitdem von nichts anderem. Wir wollen das auch wissen. Hast du Zeit? Dann erzähle!«

Der Mann legte seinen Stock auf die Seite und setzte sich zu ihnen. »Ich erzähle das nicht noch einmal, ihr hört es ja von euren Männern. Aber ich will euch sagen, wie es weiterging. Natürlich ging es weiter. Als die ausgebrochenen Sklaven, eure Vorfahren, das flache Wasser zwischen der Nehrung von Baal Zephon und dem Festland durchschritten hatten, standen sie vor einer Wüste. Vor ihnen lagen Sand und Fels, Hitze, Trockenheit, Hunger, Durst und Gefahr. Die Wüste war ihnen fremd, die Wege waren unbekannt. Das Land aber, in das sie wandern wollten, das Land ihrer Väter,

war fern und für lange Zeit unerreichbar, irgendwo im Norden: Kanaan oder, mit seinem heutigen Namen, Palästina, wo wir heute wohnen. Das hatte ihnen Mose im Namen Gottes versprochen. Ein Land, in dem Milch und Honig fließen sollten.«

»Im Namen Gottes«, wandte eine der Frauen ein. »So ist das immer. Immer redet man von Gott. Aber wo ist er denn? Hier ist er nicht. Ich sehe keine Milch und keinen Honig.«

»Uns befreit niemand von unseren Aufsehern«, setzte eine andere fort. »Kein Gott baut unsere Stadt auf. Kein Gott sorgt dafür, dass unsere Kinder nicht verhungern.«

Der Erzähler ging darauf ein. »Ja, genau davon will ich erzählen. Wo ist Gott? Wo finden wir ihn? Es vergingen vier Wochen, sechs, schließlich acht, dann erreichten die Söhne Israels – so nannten sie sich – das Gebirge, den felsigen Kern der Wüste. Dort fanden sie den ›Berg Gottes‹, zu dem Mose sie führen wollte, und lagerten sich in dem Tal, das dem Berg gegenüberlag. Mose zog eine Grenze um den Fuß des Berges und verbot jedermann, diese Linie zu überschreiten und etwa auf den Berg zu steigen. Und da geschah es: Der Berg hüllte sich in Wolken, Feuer und Rauch stiegen von ihm auf, und der ganze Berg bebte. Und was zu hören war, war die Stimme Gottes. Die Menschen sahen und hörten, sie zitterten und blieben in der Ferne stehen. Sprich du mit uns, baten sie Mose, aber Gott soll nicht mit uns sprechen – wir kommen sonst um! Da schritt

Die Menschen, die unten standen, hatten sich vor den Prügelmeistern der Ägypter gefürchtet, dann vor ihren Streitwagen, zuletzt vor Hunger und Durst und langsamem Sterben. Aber nun erlebten sie eine Gewalt, vor der alles übrige versank. Da blieb ihnen nur das Grauen vor einem ungeheuren, einem schrecklichen, gefährlichen Gott. Am Schilfmeer, in jener Nacht vor Baal Zephon, war der große Meergott ihr Feind gewesen und Jahwe, der Gott aus der Wüste, ihr Bundesgenosse. Nun aber, plötzlich, war er der Gott von oben, nun war er die allgewaltige, bergeschwere Autorität, vor der sie nur weglaufen konnten. Sie erlebten den heiligen Gott, der sie von oben sah, von oben richtete und alles Böse von oben rächte. Und dieser Gott war nicht nahe, sondern durch eine tödliche Grenze von ihnen getrennt.

Da standen sie, und was sie in Ägypten und in

Mose mitten in die Wolke hinauf und blieb vierzig Tage in dem Dunkel, das auf dem Berg lag.

der Wüste ausgestanden hatten an Angst und Gefahr, wurde klein vor dem Entsetzen, das nun nach ihnen griff.«

Der Stier war wohl das verbreitetste Gottessymbol im alten Orient.
Der obere wurde im Sinai gefunden.
Der untere stammt aus dem 3. Jahrtausend
vor Christus, aus einer sumerischen Stadt.

Eine der Frauen rief dazwischen: »Das ist typisch für die Männer! Immer wollen sie etwas von Macht sehen. Von einer Gewalt, die von oben herab donnert. Von oben herab bestraft und richtet. Das ist klar. Denn auf diese Weise können sie selbst ihren Familien gegenüber den Donnerer auf dem Berg spielen. Hier unten, an dieser Quelle, haben die Leute immer eine Quellgöttin verehrt. Die ist mir lieber. Sie donnert nicht, sondern gibt Leben und Erfrischung.« Es war lange still in der Runde. Was wird er wohl sagen? Da nahm er wieder das Wort:

»Ja, so hat man euch Gott nahe gebracht. Und die Leute haben damals ganz ähnlich reagiert wie du. Sie sagten: Mit diesem Gott wollen wir nicht leben. Wir suchen einen, der nahe bei uns ist. In unserer miesen Wirklichkeit. Einen Gott, der uns das Leben sichert. Der uns schützt und uns Kraft gibt. Wer gibt uns denn in Wirklichkeit das Leben? Das sind doch unsere Kühe, unsere Stiere. Lasst uns einen Sockel bauen aus groben Steinen und obenauf ein Stierbild stellen! Und sie machten sich an die Arbeit. Als sie fertig waren, freuten sie sich: Nun ist Gott bei uns! Und sie feierten ein Fest. Sie tanzten um den Stier. Riefen: Das ist unser Gott! Und so bauten sie ihren Mut wieder auf. Ihr Selbstbewusstsein. Und holten sich neue Kraft aus dem Urbild der Kraft, ohne die sie verloren gewesen wären.«

\*

Wir Heutigen, die diese alten Geschichten im 21. Jahrhundert hören, haben gelernt, die Erzählung vom »Goldenen Kalb«, wie die Berichterstatter den Stier verächtlich nannten, als Abfall Israels von Gott zu einem Götzen zu verstehen. Aber war es das? Sie wollten ja eigentlich keinen anderen Gott! Sie wollten nur den Gott des Mose sichtbar machen. Der Stier ist ja ein uraltes Gottessymbol. Jahrtausende schon vor Mose wählten die Menschen im Orient das Tier mit der stärksten Lebenskraft zum Bild für den Gott, der das Leben gibt und erhält. Der Himmelsgott El, an den Abraham dachte, wenn er ein Wort von Gott hörte, heißt auch »der Stier«. So wird noch im Jakobssegen 1. Mose 49 die siegreiche Kraft des Stammes Joseph auf die Hilfe des »Stiers des Jakob«, auf den Gott also des ursprünglichen Stammesvaters Israel, zurückgeführt. Erstaunlich mag man finden, dass auch Jahwe, der Gott vom Sinai, im Bild des Stiers erscheint. Im Jahwetempel von Arad, das im Süden Israels liegt, fand man eine Stierstatuette aus Kalkstein. Sie stammt aus der Zeit der Könige Judas, vielleicht fünfhundert Jahre nach Mose. Auf Tonscherben, die man in Sichem fand, traf man auf die Gottesbezeichnung »Jahwe, der Stier«. Die Leute taten also nichts Verwerfliches. Sie schufen nur das sichtbare Bild des Gottes, dem Mose auf dem Berg begegnet war.

Und warum denn wurden so viele Göttinnen im Vorderen Orient als Kuh abgebildet, wie etwa die ägyptische Hathor, die auf dem Sinai und im Negeb ihre Kultstätten hatte? Es ist einfach und naheliegend. Ich war einmal in der Nähe des Euphrat auf einer schmalen, staubigen Fahrstraße unterwegs durch eine lose Gruppe von Hütten. Windstille, drückende Hitze. Da lag, als ich um eine Wegbiegung kam, eine Kuh. Tot. Eine schwarze Spur lief von ihrem Maul aus durch den Staub und versickerte am Wegrand. Blut. Vielleicht angefahren? Ich konnte es nicht feststellen. Zwanzig Meter davon hockte, in ein schwarzes Tuch gewickelt, auf der Erde eine Frau, klein, ein Häufchen Mensch, den Blick weit offen, starr auf die Kuh gerichtet. Regungslos und wie ohne Leben. Ein Bild steinerner Verzweiflung. Als sagte sie: Nun ist alles vorbei. Solange die Kuh lebte, konnte ich auch leben. Nun ist sie tot. Und für mich ist alles aus.

Ich hatte die Kamera in der Hand. Und dies hier, das war ein Bild von der Kraft eines Symbols. Aber ich konnte nicht auslösen. Es gibt Bilder, die keine Distanz dulden. Und das wirkliche Bild blieb mir und wird mir bleiben. Die kleine schwarze Frau hockt in meiner Erinnerung und starrt auf die tote Kuh. Wie vielleicht Millionen vor ihr, vor dreitausend oder vor sechstausend Jahren. »Erde bist du, und zu Erde sollst du werden.« Der Satz stammt aus diesem Land des Lehms. Nie war er mir gegenwärtiger als an diesem heißen Tag. Und nie habe ich das Wort Luthers besser verstanden als dort: »Ein Gott – das ist das, von dem man alles Gute erwartet ... Woran du dein Herz hängst, worauf du dich verlässest, das ist dein Gott!«

Warum also, da auch Jahwe, der Gott des Mose, im Bild eines Stiers verehrt wurde, sollte es so wichtig sein, ob man diesen Gott sich nur in Gedanken vorstellte oder als sichtbares Bild verehrte? Und warum, da von ihm die Rettung erhofft wurde, sollte man nicht vor ihm tanzen? Auch vor Jahwe hat man doch im späteren Tempel getanzt. Wer will von einem tödlich bedrohten Menschen fordern, er solle auf ein Bild von Gott verzichten, da er doch ganz einfach nur einen Halt braucht?

Der goldene Stier ist nicht etwa nur eine primitive, heidnische Ersatzlösung, er ist die Hilfe zum Überleben, die der überforderte, vom Übergewicht der Autoritäten, Gebote und Mächte erdrückte Mensch immer wieder brauchen wird, wenn er sich seine gequälten Gedanken über Gott macht. Und das ist doch deutlich: Immer und bis zum heutigen Tag haben die Menschen sich ihre goldenen Stiere gebaut, von denen sie ihr Leben und ihre Kraft erwarteten, ob es heute Aktien sind oder Waffen, Besitztümer oder Ehrentitel oder Weltanschauungen, Absatzzahlen oder wirtschaftliches Wachstum, nationales Prestige oder das Häuschen im Grünen. Man kann das alles geißeln oder verspotten. Man kann es begreiflich finden oder natürlich. Jedenfalls ist es so und wird es immer sein. »Worauf du dich verlässest, das ist dein Gott.«

Die Reihe dieser Götter steht im Eingang zum Archäologischen Museum in Aleppo, in dem die Funde aus den Ausgrabungen in Nordsyrien gesammelt sind.

Dieses Werk, das offenbar einmal am Eingang eines Tempels gestanden hat, stellt die Götter in Menschengestalt dar. Nach ihrer Kopfbedeckung zu urteilen, handelt es sich um Fruchtbarkeitsgötter. Die Tiere aber, die ihnen zugeordnet sind, sind nicht mit ihnen identisch, sondern dienen nur als Sockel für sie. Der Gott steht auf dem Löwen oder dem Stier, und der Stier dient ihm.

Und vermutlich hat auch Aaron sein Stierbild so gesehen.

Im dritten Jahrtausend entstand in Ur eine Harfe, an deren Resonanzkasten ein Stierkopf angebracht ist. Der Stier ist aus Gold und trägt, mit Lapislazuli eingefärbt, einen blauen Bart. Er stellt den Mondgott dar. Man braucht nur den Stierkopf vom Gehörn zu lösen und hat den Sichelmond vor sich. Der Mond und der Stier sind, wie verschieden sie auch scheinen, eng verwandte Symbole der Fruchtbarkeit.

Nach einer Weile nahm der Erzähler seinen Faden wieder auf: »So hat man sich in unserem Volk Gott immer wieder vorgestellt. Als den Mächtigen auf dem Berg. Dieser mächtige Gott ist heute der Gott der Babylonier.

Erinnert euch: Da kamen die Armeen der Babylonier vor die Stadt Jerusalem. Alle umgebenden Hügel waren voll von ihnen. Sie waren himmelhoch überlegen. Und was setzte man ihnen entgegen? Ein paar Soldaten, die man auf die Mauer stellte und die – man muss es bewundern – einen heldenhaften, einen achtzehn Monate dauernden Kampf ablieferten. Man stellte den Babyloniern vor allem eine Ideologie entgegen. Man träumte von unserer heiligen Stadt so, als wäre sie für Gott unentbehrlich. Man träumte immer wieder von dem herrlichen Großreich Davids. Man konnte sich nicht damit abfinden, dass dieses Reich längst untergegangen war. Man wollte die Rolle nicht spielen, die danach übrig blieb: die Rolle eines bescheidenen Gemeinwesens, das sein inneres Leben nach dem Willen Gottes ordnete.

Nein, man machte aus dem Gott Israels einen goldenen Stier, der die Babylonier zerstampfen sollte. Man sagte: ›Gott mit uns!‹ Und stellte sozusagen Gott, den Stier, auf die Mauer. So, als wäre Gott verpflichtet, ein goldenes Wunder zu vollbringen. Man träumte vom Endsieg.

Und wer zu einer nüchternen Beurteilung der hoffnungslosen Lage aufrief, wurde als Verräter abgetan.

Wir haben von Gott noch immer zu wenig erkannt. Und auch von den Worten nicht, mit denen der Prophet, den ihr alle noch kennt, Jeremia, von ihm sprach. Ihr habt erlebt, wie die Mächtigen in Jerusalem ihn fertig machten, den großen Warner, den Einzigen, der klar sah. Er sagte: ›Weil ihr es gerne so hättet, soll Gott euch nun retten? Gott muss gar nichts. Ihr blast euch auf. Ihr schafft euch ein Phantom, das ihr Gott nennt. Aber was Gott wirklich von euch fordert, das interessiert euch nicht. Ihr habt die Wahl, den Weg zum Leben zu gehen oder den Weg zum Tode‹ (Jeremia 21). Löst euch aus euren Träumen! Gebt den Widerstand auf! Ergebt euch! Öffnet die Tore, geht hinaus und unterwerft euch. Vielleicht bleibt die Stadt dann erhalten. Wenn aber die Stadt stehen bleibt nach eurer Niederlage, dann fangt neu und anders an. Ordnet euren Staat so, wie Gott es in Wahrheit von euch will: Sorgt für eine gerechte Rechtsprechung. Helft den Bedrückten und Armen unter euch, dass sie leben können. Gebt den Flüchtlingen, die zu euch kommen, Raum und Recht. Tut niemand Gewalt an. Fallt denen in den Arm, die ihre prächtigen Häuser aus Betrug bauen und ihre Gemächer aus Unrecht. Nehmt denen die Macht, die ihre Arbeiter schuften lassen ohne Lohn. Sorgt für Frieden zwischen euren Häusern. Das könnte noch eure Größe sein. Aber

*Die Quelle Gihon im Kidrontal*

ihr wollt den Tod. Was wird man tun mit eurem König, der noch immer auf seinem Thron vor sich hin träumt? Man wird ihn fortschleifen wie einen Esel, man wird ihn hinauswerfen vor die Stadt und draußen verscharren.

Aber man hörte nicht auf Jeremia. Man warf ihn zuerst in einen Brunnen. Und später verschleppte man ihn. Niemand weiß, wie es ihm zuletzt erging. Wir klagen hier ständig die Gewalt der Babylonier an. Wäre es nicht richtiger, wir trauerten über die Torheit, mit der wir in unser Unglück hineinrannten, und über den Unsinn, den wir aus unserem Glauben gemacht haben?

Unsere goldenen Kälber liegen allesamt hier unten im Tal wie die Trümmer unserer Mauern. Wir müssen wieder begreifen, dass beides gilt: Dass Gott oben ist, auf dem unzugänglichen Berg. Nicht weil er so viel Gewalt ausübt, sondern weil er heilig ist. Unantastbar. Von uns Menschen nur mit Ehrfurcht zu nennen. Aber auch, dass dieser Heilige Gott uns nahe ist, unten in unserem Tal, dass er unser Elend sieht. Davon kann ich euch ein andermal mehr sagen. Wir können hier nicht so lange sitzen. Wir müssen an unsere Arbeit. Lebt wohl!«

Eines Morgens, als der Erzähler wieder an der Quelle vorbeikam, auf dem Weg zu seiner Arbeit, traf er dort jene Frau an, die ihm ihre Vorliebe für die Quellgöttin im Wasser des Gihon erklärt hatte. »Ich habe dir noch nicht erzählt, wie es weiterging nach der Geschichte von Gott auf dem Berg.« »Ja, wie?« Und er setzte sich mit ihr seitlich der Quelle, und einige der anderen Frauen traten hinzu.

»Ich habe von dem Berg erzählt, auf den Mose stieg und wo er Gott hörte. Nach langer Zeit, als niemand ihn mehr erwartete, kam er zurück ins Tal. In seinen Händen trug er die beiden Tafeln mit den Geboten Gottes. Als er das Stierbild sah, fasste ihn der Zorn.

So sehen Zelte aus im heutigen Sinai. Das heilige Zelt dürfte wenig Großartiges und Festliches an sich gehabt haben. Vielleicht war es eines wie diese aus dem Haar von Ziegen gefertigten Unterkünfte.

»Wozu soll ich euch noch etwas erzählen vom Willen Gottes?«, schrie er und schlug seine Tafeln an einem Felsen in Stücke. Aber dann ging ihm offenbar etwas auf. Diese Menschen brauchten etwas anderes als diesen Gott, der oben thronte. Ich muss ihnen zeigen, wie sie mit ihm reden können. Mit ihm leben. Unten in ihrem Tal. Wie sie ihm ihr Elend klagen können und Vertrauen finden. Und er zerstörte nicht nur die Platten mit den Geboten Gottes, sondern auch das Stierbild. Er versammelte die Menschen an einem Ort außerhalb des Lagers und zeigte ihnen, wie sie mit dem Gott, den er ihnen verkündigte, leben könnten.

Er fing an, ein paar Stangen aufzurichten wie zu einem Zelt. Und er rief ihnen zu: Sammelt von den trockenen Büschen, die hier herumliegen, möglichst gerade und möglichst lange Stecken und stellt sie in kleine Löcher in die Erde. Verspannt sie mit Stricken, so dass sie als Rahmen für eine Hütte stehen bleiben. Und nehmt von den einigermaßen gut erhaltenen Tüchern, die ihr noch habt, eine Anzahl und überzieht das Gerüst, so dass ein kleines Haus entsteht, ein Zelt. Wenn ihr damit fertig seid, wollen wir es Gott weihen. Wollen ihn bitten, hierher zu uns zu kommen. Wenn ihr dann mit Gott reden wollt oder etwas von ihm hören oder ihm etwas klagen, dann kommt hierher und feiert seine Nähe hier unten auf dem Boden dieses Tals. Denn Gott ist hier. Er ist um euch Tag und Nacht, im Elend wie in den kurzen Augenblicken des Glücks. Und so bauten sie miteinander das heilige Zelt.« Und er wandte sich der Frau zu, die ihm ihren Unwillen hingeworfen hatte, und fuhr fort:

»Unsere Vorfahren haben später von einem Tempel geträumt, einem herrlichen, goldenen Bau, in dem Gott wohnen sollte. Und sie haben ihn gebaut. Der König gab seinen Reichtum für ihn hin. Die besten Künstler von damals haben ihm seine Schönheit gegeben. Durch Jahrhunderte hin haben die Menschen dort oben gesungen und getanzt, gefeiert und geopfert. Heute liegt er in Schutt und Asche, wie alles, was uns lieb und teuer gewesen ist. Und vermutlich wird nie mehr ein reicher und mächtiger König Salomo kommen, der ihn wieder errichtet in seiner alten Pracht. Nein, was Mose mit seinem Volk zusammenbaute, war nichts als ein Zelt. Er nannte es das ›Zelt der Begegnung‹. Von ihm hat man bisher nicht berichtet. Aber ich will euch sagen, was es bedeutete. Mose stellte es am Rand des Lagers auf, und wenn sie weiterzogen, brach er es ab, brachte es an den neuen Lagerplatz und schlug es dort wieder auf. Und er sagte den Leuten: Wenn ihr dieses Zelt anschaut, dann versteht: Hier begegnet ihr Gott! Ihr könnt mit eurem Stier nicht reden! Er hört euch nicht! Aber Gott lebt. Er hört. Er bewahrt. Er führt. Ich will euch den lebendigen Gott zeigen. Wenn ihr Gott begegnen wollt, dann geht zu diesem Zelt und werdet still und fangt an zu horchen. Durch die Stimme eines von uns, eines, der im Namen Gottes sagt, was Gott geredet hat, wird er zu uns sprechen. Wir können Gott nicht

Natürlich hebt es das Selbstbewusstsein einer Stadt, wenn sie einen grandiosen Tempel besitzt wie diesen, der in Palmyra, in der syrischen Wüste, steht. Aber nötig ist ein Gespräch mit Gott, das auch in jedem Zelt oder jeder Kammer in einem Haus geschehen kann.

sehen, wie man einen Stier sieht. Aber wir können ihn hören. Und er wird zu uns sprechen über unsere Sorgen und über den Weg, den wir gehen sollen. Nötig sind dazu Aufmerksamkeit und Wachheit. Wenn wir aber darunter leiden, dass wir Gott so fern sind, so vertrauen wir darauf, dass er umgekehrt uns nahe ist, so nahe wie wir uns selbst sind. Und wir können wissen, wer wir selbst sind, im selben Augenblick, in dem wir erkennen, wer der Gott ist, der uns rettet.

Wir könnten uns hier irgendwo einen Platz wählen und darauf ein solches Zelt errichten als den Ort, an dem wir Gott begegnen. Die Könige in unserer Geschichte waren stolz auf ihren Tempel. Die Babylonier haben einen mächtigen, einen gewaltigen Gott, der ihren Staat garantiert. Aber der wirkliche Gott ist hier unten, auf diesen Hügeln, in diesem Tal, an dieser Quelle, und auch in all den Trümmern unserer Stadt. Er ist im ärmlichen Zelt, wenn wir uns dort versammeln und seine Barmherzigkeit anrufen.

Eure Männer träumen immer noch von Macht und

Herrlichkeit, von einem Sieg, den uns Gott geben sollte, und vom Untergang aller Feinde. Es ist aber wichtiger, dass wir überleben bis zu dem Tag, an dem uns unsere Freiheit wiedergeschenkt wird. Dort oben, genau über uns« – er erhob sich und trat ein paar Schritte zurück, bis er über den steilen Hang hinaufsehen konnte zu den Resten der Mauer –, »stand einst das Schloss, in dem David und nach ihm unsere Könige lebten. Ich glaube nicht, dass irgendwer es irgendwann wieder aufbauen wird. Wichtiger ist, dass Gott das Wasser dieser Quelle weiterfließen lassen wird, so dass wir hier unten, sehr bescheiden und ohne allen

Kaum eines der vielen Bilder, mit denen die
christliche Kunst Propheten dargestellt hat,
kommt so ergreifend auf uns zu wie dieses
von unserem Zeitgenossen Ernst Alt. Er hat
kein Instrument. Seine Geige besteht aus
einem Ast, sein Bogen ebenso. Er hat nur
seinen Mund, mit dem er sein Lied von der
Heimkehr, von der Erlösung, von der Freiheit singt. »Cantare amantis est« schreibt
der Künstler unter sein Bild.

»Des Liebenden Sache ist es, zu singen.«
Und: »Das mag ich nicht verschweigen.
Das darf – muss – ich singen.«

himmlischen Glanz, unsere Würde wiederfinden und unserer Arbeit nachgehen können. Aber ich muss jetzt etwas tun.«

In dem Schweigen, das danach eintrat, stand eine der Frauen auf, nahm ihren Krug und wandte sich talabwärts. Eine andere folgte ihr, und schließlich nahm der alte Mann seinen Stock und stieg über das Trümmerfeld hinauf zur Stadt. Als er an der Stelle vorbeikam, an der der Tempel gestanden hatte, sagte er halblaut vor sich hin: »Nein, das ist es nicht, was wir brauchen. Nicht goldene Stiere wie du sind es, die uns Hilfe bringen. Nötig ist der Glaube an den Gott, der der Erde nahe ist.« Und er blieb stehen, dem Trümmerhaufen zugewandt: »Du hast deinen Dienst getan. Deine Zeit ist gewesen. Ruhe im Frieden des Gottes, dem du einmal gedient hast.« Und er ging hinüber zu dem halb zerstörten Haus, in dem seine Freunde sich zu ihrer Arbeit versammelten.

# IV.
# Einer singt sein Lied

# 20. Die langen Jahre in Babylon

Wir verabschieden uns aus der Szene um Jerusalem und gehen wieder hinüber nach Babylon, über tausend Kilometer des Karawanenwegs nach Norden und Osten. Und wir lassen uns Zeit. Jahre lassen wir hingehen. Jahrzehnte.

Die erste schreckliche Zeit in der Steppe bei Nippur mag ein Jahr gedauert haben. Aber dann wurde alles normaler. Die Verschleppten brachten ihren eigenen Lohn nach Hause, sie bauten aus Lehm oder Schilfmatten die ersten eigenen Hütten. Sie gruben ihre eigenen Zisternen. Später kamen sie in die Lage, sich Land kaufen zu können oder sich als Händler selbstständig zu machen, bauten sich Häuser und machten sich in den Dörfern der ansässigen Bevölkerung heimisch. Sie waren ja nicht verurteilt, in Gefangenenlagern zu leben. Sie

Die Judäer dürften sich inzwischen als freie Menschen in den Bazaren von Babylon bewegt haben wie in diesem.

waren nicht zur Zwangsarbeit verdammt, sondern eben in besondere, vielleicht staatlich verwaltete Landstriche eingewiesen.

Sie lebten teils zwischen und mit andersstämmigen Bewohnern ihrer Gegend, teils in eigenen Dörfern, die sie selbst verwalteten. Ihre

Ältesten hatten eine weitgehende Freiheit, zu entscheiden, auch gegenüber den babylonischen Behörden. Zum Teil lebten sie, zerstreut unter den übrigen Einwohnern, so, dass ein besonderer Verband sie einte, besondere Versammlungen sie immer wieder zusammenführten, und ihre Merkmale waren ihr Sabbat, ihre Gespräche über das Gesetz und über ihre von zu Hause mitgebrachte Lebensordnung. Aus alledem ging wohl später die Synagoge hervor.

Manche gründeten auch größere Geschäfte. So brachten Ausgrabungen die Akten eines jüdischen Geschäftshauses »Muraschu und Söhne« ans Licht, das seinen Hauptsitz in Nippur östlich des heutigen Bagdad hatte und seine Filialen in den umgebenden Städten.

Das Ziel, das der babylonische Staat mit der Praxis verfolgte, ganze Völker an einen anderen Ort des Reiches zu setzen, war ja nur, ihren unruhigen nationalen Kräften die Quelle ihrer Energie, nämlich ihr Festhalten an der Freiheit ihres Landes, zu entziehen. Die Judäer aber sollten, das war die Absicht, statt im aufsässigen Jerusalem am Kanal Kebar, dem heutigen Satt-en-Nil, in der vielsprachigen Mischbevölkerung leben. Und das ist diesem Staat auch bei vielen unter ihnen gelungen. Wer sich dort eine Existenz aufbauen konnte, kehrte wohl nicht nach Juda zurück, auch nicht, als nach fünfzig Jahren die Erlaubnis dazu gegeben wurde.

Ich denke mir, dass nach zwanzig oder dreißig Jahren eine Generation herangewachsen war, die an das Land ihrer Väter und Mütter keine Erinnerung hatte. Babylonische Wohnkultur, Sprache, Gesittung, Schrift, Bildung und Staatsgesinnung, auch irgendeine babylonische oder andere Religion waren diesen jungen Menschen von Anfang an selbstverständlich gewesen. Die wirtschaftliche Blüte des Staates, in dem sie lebten, war auf die Dauer ein realeres Gut als die Sehnsucht nach der verlorenen Heimat. Anpassung war das Gebot der Zeit. Es galt, neue Berufe zu erlernen und fremde Sprachen, und vielleicht begann man bald Stolz zu empfinden darüber, dass man der führenden Militär- und Wirtschaftsmacht der damaligen Welt angehörte, dem Land mit der modernsten Wissenschaft und dem mächtigsten Gott. Wer nicht mitging, blieb eben zurück oder abseits, in den Augen seiner Kinder ein Mensch ohne Zukunft, fixiert auf eine vergangene Welt, von Überlieferungen und Erinnerungen gehindert, zu leben. Vielleicht haben die Jungen gefragt: Werden wir es schaffen, richtige Babylonier zu werden? Die Älteren: Hängen wir nicht doch zu sehr an Vergangenem? Wenn wir es aber preisgeben – wissen wir dann noch, wer wir sind?

Diese Differenz, so scheint mir, zwischen den Alten und den Jungen, machte ein gemeinsames Bewusstsein, Jude zu sein, schwer und ein gemeinsames Leben in einer gemeinsamen Hoffnung auf Heimkehr wohl fast unmöglich.

*Herde einer Großfamilie im Steppengebiet östlich des Kanals Kebar*

*

Wir gehen weiter, bis etwa ins Jahr 550, fast vierzig Jahre nach dem Beginn des Exils. Längst hatte der politische Druck nachgelassen, sowohl in Jerusalem als auch am Euphrat. Der babylonische Staat hatte andere Sorgen als das kleine Judäa. Im Osten begann eine neue Großmacht um sich zu greifen. Die Welt geriet aus der Balance.

Östlich des Irak lag damals das Reich der Meder. In seiner Hauptstadt Ekbatana, westlich des heutigen Teheran, regierte König Kyaxares, und sein Reich lag breit nördlich Babylons bis nach Kleinasien. Er hatte einen Vasallen in dem östlich Mediens liegenden Perserreich, nämlich Kyros II. aus dem Geschlecht der Achämeniden. Der erhob sich 553 gegen ihn, also im 35. Jahr des babylonischen Zwangsaufenthalts der Juden, eroberte Ekbatana und damit ganz Medien, besetzte Kleinasien und umklammerte damit das babylonische Reich von drei Seiten. Er war auf dem Wege, das größte jemals erlebte Reich dieser Erde zu errichten. Mit ihm begann eine neue Epoche.

In Babylon war inzwischen der große Nebukadnezar II. gestorben. Das war schon im Jahr 562 gewesen. Ihm folgte nach 556 Nabonid, ein weltfremder, in seine religiösen Bedürfnisse eingesponnener Mensch, der seine Residenz aus dem unruhigen Babylon in die Oase Tema, 1000 km entfernt in der arabischen Wüste, verlegte. Unter ihm ging kaum mehr etwas wie Macht und Führung von Babylon aus.

*

In dieser Zeit trat unter den Verbannten ein Prophet auf, den wir nicht kennen. Weil seine Lieder und Reden an das Buch Jesaja angehängt überliefert sind, in den Kapiteln 40-55, nennen wir ihn den zweiten Jesaja, griechisch Deuterojesaja. Er dürfte einer der größten Gestalten gewesen sein, von denen die Bibel berichtet, vielleicht eine der größten religiösen Gestalten der Menschheitsgeschichte überhaupt. Und ihn stelle ich mir vor mit der Grafik von Ernst Alt (auf Seite 152), mit dem Mann, der mit seinen zwei Stöcken musiziert und dabei sein Lied singt.

# 21. Ein schwaches Licht am Horizont

Das Buch dieses zweiten Jesaja setzt mit einem andringenden Ruf ein, einem ekstatischen Lied:

*»Tröstet, tröstet mein Volk,*
*spricht euer Gott!*
*Redet freundlich zu Jerusalem*
*und ruft ihm zu:*
*Sein Sklavendienst ist erfüllt,*
*seine Schuld ist gebüßt.*
*Horch! Da ruft einer:*
*Durch die Wüste bahnt einen Weg*
*für den Herrn!*
*In der Steppe ebnet eine Straße unserem Gott.*
*Jeder Berg und Hügel soll sich senken!*
*Jedes Tal soll sich heben.*
*Zerklüftetes Land soll eben werden*
*und die schroffe Höhe zum flachen Grund,*
*denn die Herrlichkeit des Herrn*
*wird vor uns hergehen.*
*Ja! So ist es.*
*Der Mund Gottes hat es geredet.«*

JESAJA 40, 1-5

Der Prophet schaut eine Szene im Himmel: Er sieht in den geistigen Raum hinein, in dem der Lauf der Geschichte auf dieser Erde entschieden wird. Gott selbst hört er sprechen inmitten seiner himmlischen Diener und Boten: Auf! Ihr! Geht nach Babylon und tröstet die Men-

schen am Kanal Kebar! Und ihr: Geht nach Jerusalem und redet freundlich zu dem armen Volk, das dort wohnt! Denn zweimal ist Jerusalem gestraft: mit Zerstörung und Elend im Land und mit der Vertreibung nach Babylon. Es ist genug.

Zuletzt wendet sich die Stimme an ihn, den Propheten, selbst und bezieht ihn gleichsam in den himmlischen Mitarbeiterstab ein:

*»Ich fragte Gott: Was soll ich verkündigen?*
*Und hörte ihn sagen:*
*Dies: Alles Fleisch ist Gras*
*und alle seine Schönheit*
*wie die Blume des Feldes.*
*Das Gras verdorrt, die Blume welkt,*
*wenn Gottes Hauch sie anweht.*
*Wahr ist's! Gras ist das Volk!*
*Das Gras verdorrt, die Blume welkt,*
*aber mein Wort*
*bleibt in Ewigkeit.«*

JESAJA 40, 6-8

Wenn der gefürchtete Schirokko aus der Wüste über das Kulturland weht, verdorrt das Gras in Stunden. Aber der Wind der Geschichte ist ein Instrument in der Hand Gottes. Und wenn der Gotteswind, von dem der alte Priester gesprochen hatte, über den Wassern der Urflut

dahinfuhr, dann entstand auf Gottes Befehl hin Neues: eine Zukunft, die auf Ewigkeit angelegt ist.

Der Prophet darf reden. Allem Augenschein entgegen darf er sagen: »In den Augen Gottes ist die Wende schon eingetreten. Es ist beschlossen! Wir werden heimkehren! Was droben besprochen wurde, wird auf der Erde geschehen. Es wird etwas eintreten, das ihr kennt: Wenn am babylonischen Neujahrsfest die Prozession der Götter über die Prachtstraße zieht und das Volk jubelnd mitströmt, wenn auf den Wagen Marduk thront, Ischtar, Sin und Schamasch und wie sie alle heißen, die goldenen Scheinbilder von Gott, dann wird dies ein ärmliches Schauspiel sein gegenüber dem Triumph unseres Gottes, der uns voraus durch die Wüste nach Zion heimkehrt!«

Die Zuhörer widersprachen: Wer ist denn dieser Gott, von dem du sprichst?

Was richtet er denn aus gegen die Macht der Götter, von denen du behauptest, sie hätten keine Macht? Und der Prophet erwidert:

Ein Mandäer, also ein Mitglied einer jüdischen Sekte, die im Zusammenhang mit dem Auftreten Johannes des Täufers am Jordan entstanden sein könnte. Ich traf ihn in Bagdad, einen Goldschmied. Er könnte ein Nachfahr jener Juden sein, die im 6. Jahrhundert nicht nach Jerusalem zurückkehrten, sondern sich im Land zwischen den Strömen sesshaft machten, aber die geistigen Bewegungen, die in ihrer Heimat geschahen, aufnahmen.

*»Wisst ihr es nicht?*
*Habt ihr es nicht gehört?*
*Hat man es euch nicht von Anfang an gesagt?*
*Der über dem Erdkreis thront –*
*der macht die Fürsten*
*und die Herrscher der Erde zunichte.*
*Kaum sind sie gepflanzt, kaum gesät,*
*kaum wurzelt ihr Stamm in der Erde,*
*da bläst er sie an, sie verdorren,*
*und der Wind trägt sie davon wie Spreu.«*
Jesaja 40, 21-24

»Das sagt man von Marduk auch. Von Baal und von all den großen Göttern!«, hielt man ihm entgegen.

*»Wem wollt ihr mich vergleichen,*
*dass ich ihm ähnlich sei, spricht Gott?«,*
*fährt der Prophet fort.*
*»Wer hat denn diese Gestirne geschaffen?*
*Er allein, der ihr Heer abgezählt herausführt*
*und sie alle mit Namen ruft.«*
Jesaja 40, 25-26

»Aber uns sieht er nicht!«, ruft man ihm entgegen.

*»Warum sprichst du, Israel«,*
*antwortet der Prophet,*
*»mein Weg ist vor Gott verborgen?*
*Mein Recht berührt ihn nicht?*
*Weißt du nicht? Hast du nicht gehört?*
*Ewiger Gott ist er,*
*der die Enden der Erde schuf.*

*Er wird nicht müde noch matt.*
*Unerforschlich ist seine Einsicht.*
*Er gibt dem Müden Kraft*
*und Stärke genug dem Unvermögenden.*
*Jünglinge werden müde und ermatten,*
*junge Männer fallen,*
*aber die auf Gott hin gespannt bleiben,*
*empfangen neue Kraft,*
*Schwingen wie Adler.*
*Sie laufen und werden nicht matt.*
*Sie gehen und werden nicht müde.«*
Jesaja 40, 27-31

Die Zuhörer waren, so scheint es, keineswegs begeistert von der Aussicht, die der zweite Jesaja ihnen eröffnete. Zu wenig hatten sie von der Nähe dieses Gottes erfahren, und den Visionen dieses Mannes zu vertrauen, dazu fehlte ihnen die Kraft.

Der Prophet hielt ihnen entgegen: Gott sieht, was am Kanal Kebar gelitten wird. Er hat seine Absicht offenbart: Rettet die Verlassenen!

*»So spricht der Herr, der im Meer einen Weg*
*und in starken Wassern eine Bahn macht,*
*der ausziehen lässt Wagen und Rosse,*
*Heer und Macht,*
*dass sie auf einem Haufen liegen*
*und nicht mehr aufstehen,*
*dass sie verlöschen, wie ein Docht verlöscht!«*

*»Denkt nicht mehr an das Vergangene,*
*achtet nicht auf das Vorige.*

Das dürfte das Zukunfts- und Hoffnungsbild der Judäer in Babylon gewesen sein: das Leben und die Geborgenheit in den Mauern von Jerusalem.

Denn seht, ich schaffe ein Neues.
Ich bahne einen Weg durch die Wildnis
und spende Wasser in der Wüste.«

JESAJA 43, 16-19

So redete er immer wieder von jenen alten Geschichten, ähnlich dem Erzähler in Jerusalem, der von jenem Auszug aus der Sklaverei in Ägypten geredet hatte.

Aber nicht in Hast und Eile werdet ihr ausziehen wie damals, sondern gelassen, in Frieden und unter dem Schutz Gottes. Erinnert ihr euch nicht? Das hat man euch doch erzählt, wie die Väter durch den Sirbonischen See gingen, auf dessen Grund nach dem Glauben der Menschen der große Drache hauste, wie sie auf dem festen Grund gingen, unbehelligt durch die Gefahr aus dem Abgrund?

*»Warst du es nicht«, ruft der Prophet Gott an,*
*»der das Meer austrocknete,*
*die Wasser der großen Tiefe,*
*der den Grund des Meeres zum Weg machte,*
*dass die Erlösten hindurchgingen?*
*So werden die Erlösten des Herrn heimkehren*
*und nach Zion kommen mit Jauchzen.«*
JESAJA, 51, 9-11

Gott, der Gott unserer Väter, will es. Und ich sage es euch an! Macht euch bereit!

Soll ich mir vorstellen, dieser Mann habe den Propheten reden gehört? Kann er ihm geglaubt haben? Was sah er denn von der großen Heimkehr?

# 22. Die Entdeckung des einen Gottes

Ob dieser Mann Jerusalem als Kind noch gesehen hat oder ob er die Heimat im fernen Judäa nur vom Erzählen kannte, wissen wir nicht. Wahrscheinlich ist, dass er in der Gefangenschaft geboren und aufgewachsen ist. Er war einer aus der jungen Generation. Und er hatte begriffen, was vermutlich nur einem kleinen Teil seiner Landsleute aufgegangen war: Dass nämlich in den Geschichten des alten, priesterlichen Erzählers sich etwas Unerhörtes begeben hatte. Dass er von einem unvergleichlich größeren Gott gesprochen hatte, als es je in den Zeiten früherer Propheten geschehen war. Nun rief er seinen Mitgefangenen zu: Wenn das alles wahr ist, was wir über die Urgestalt Abraham gehört haben, über die Schöpfung der Welt, über die Hinfälligkeit irdischer Macht, dann lasst uns ganz neu über Gott nachdenken. Dann sagt uns Gott mit alledem:

*»Ich bin Gott, und außer mir ist keiner!*
*Ich mache das Licht,*
*und ich schaffe die Finsternis.*
*Ich gebe Frieden, und ich verhänge das Unheil.*
*Ich bin Gott, der hinter allem steht.«*

Jesaja 45,6-7

Dann ist es nicht so, dass nur wir Gefangenen uns auf Gott und seine Einzigkeit verlassen können, sondern auch so, dass er über den Mächten der Erde steht und hinter allem, was in den Schicksalen der Menschen geschieht. Dann steht der eine und einzige Gott hinter allem Leid und allem Glück. Dann kommt alles von Gott, das Leben und der Tod, das Licht unseres Glaubens ebenso wie die Finsternisse unseres Schicksals, und die Schicksale aller Völker. Dann gibt es keine Gegengötter, keine bösen Mächte, keinen gottfeindlichen Abgrund. Dann ist Gott wirklich einzig. Dann ist alles Gott, was im Frieden geschieht und was in der Gewalt sich austobt. Das Elend und das Glück.

Das große Bekenntnis zu dem einen Gott, außer dem es keine Macht von einiger Bedeutung in der Welt gibt, ist zum ersten Mal in dieser Klarheit und Schärfe von jenem zweiten Jesaja ausgesprochen worden. Im Auftreten dieses einsamen Mannes ereignete sich die entscheidende Entdeckung des Monotheismus. In früheren Zeiten waren die Menschen in Israel zwar gehalten, nur den einen Gott Jahwe zu verehren. Das bedeutete aber nicht, dass es andere Götter nicht gegeben hätte. Sie waren nur eben für sie nicht zuständig. Der eine Gott, außer dem andere Götter nicht sind, der eine Herr über Himmel und Erde, wurde in der Zeit der Gefangenschaft in Babylon entdeckt.

Ich stelle mir die Menschen vor, die den Propheten singen und reden hörten. Was konnten sie davon verstehen und aufnehmen?

Das bedeutete für die, die den zweiten Jesaja hörten, eine ungeheure Befreiung, vielleicht einen Schritt, der ein so weites Ausgreifen verlangte, dass sie ihm nicht gewachsen waren. Denn nun war der Gott, auf den sie sich verließen, zugleich Licht und Finsternis. Das war schwerer zu denken, es war abgründiger. Er war nicht mehr der »liebe Gott«, er war plötzlich auch das dunkle Rätsel in allem Unheil. Er

war nicht nur der hilfreiche Bundesgenosse gegen die Gewalt der Menschen, er war auch ihre Quelle. Und beides galt es zusammenzuhalten und nicht mehr zu trennen. Wenn die so genannte Schwellenzeit, das 6. und 5. Jahrhundert vor Christus, die Zeit der entscheidenden geistigen Durchbrüche in der Geschichte der Menschheit gewesen ist und wenn sie auch mitten in der biblischen Überlieferung diese

Bedeutung hat, dann darum, weil in ihr die priesterlichen Erzähler in Jerusalem und Babylon, und unter ihnen vor allem jener zweite Jesaja, gelebt und gewirkt haben.

Was wir nicht genau wissen, das ist, ob der zweite Jesaja eine Einzelgestalt war. Vielleicht gab es in der späteren Zeit des Exils eine ganze Gruppe von in die Zukunft hinausgreifenden Denkern, die miteinander zu dieser neuen Einsicht kamen. Die standen wohl im ständigen brieflichen Austausch mit Jerusalem. So lesen wir Ähnliches in den Klageliedern, die damals in Jerusalem geschrieben wurden:

*»Wenn einer die Gefangenen niedertritt,*
*wenn er ihnen alle Rechte nimmt ...*
*wer kann dann sagen,*
*das geschehe ohne Gottes Befehl,*
*und es komme nicht Böses und Gutes*
*gleichermaßen*
*aus dem Willen des Allerhöchsten?«*

Ohne dieses intensive Nachdenken in jener Notzeit hätte das Judentum schwerlich so früh die engen Schranken seiner Nationalreligion überwunden und hätte seine Erkenntnis von dem einen Gott wohl niemals so nachhaltig hinausgewirkt in das spätere Weltjudentum,

das danach entstehende Christentum und den noch späteren Islam, dessen Grundbekenntnis das jenes zweiten Jesaja ist:

*»Gott ist Gott.*
*Außer ihm ist keiner.«*

Freilich, das gilt auch: Es ist viel einfacher, sich einen Gott vorzustellen, der als Beistand verehrt wird gegenüber dem Bösen, dem Teufel oder einem Gegengott. Man kann, was in der Welt geschieht, immer trennen zwischen einer bösen und einer guten Macht, und man kann sich selbst als einen Parteigänger des Guten ansehen, seine Feinde als Parteigänger des Bösen. Wenn aber da einer auftrat, der sagte: Euer Elend kommt nicht von den Babyloniern, nicht von deren Militär und nicht von ihrer Staatsreligion, sondern von Gott, dem Einen, dann war das nicht erlösend, sondern machte das Elend undurchdringlicher. Und so wurde das Schicksal dieses weitblickenden Denkers am Ende zu einer Tragödie.

＊

Es ist bis heute so: Wenn sich im Schicksal eines Menschen ein Abgrund öffnet zwischen Licht und Finsternis, zwischen Gut und Böse, dann tut sich dem, der an den einen Gott glaubt, immer zugleich ein Abgrund in Gott selbst auf. Dass das Böse seinen Ort hat in einem Teufel, und Gott für das Gute steht, ist ungleich leichter zu tragen. Für die Zeit nach der Gefangenschaft wandelten sich die Mächte der Unterwelt in den »Satan«. Aber dieser Satan ist keine eigenständige Macht mehr. Er gilt vielmehr als Angestellter am Hof Gottes. Das Wort »Satan« bedeutet so viel wie »Ankläger«, »Staatsanwalt«. Im Buch Hiob fragt der Satan Gott, ob er den Hiob auf die Echtheit seines Glaubens hin prüfen dürfe. Gott erlaubt es ihm bis zu einer bestimmten Grenze, und der Satan hält sich an die Weisung. Der Satan ist derjenige am göttlichen Hof, der das Unrecht der Menschen aufdeckt, benennt und anklagt. Der Richter aber ist Gott. Die Welt ist eine. Der »Hofstaat« Gottes umfasst alle Dimensionen der Welt. Die Welt ist mit ihrem Licht und ihrer Finsternis die Welt Gottes.

＊

Nun wird immer wieder gesagt, den Monotheismus habe ein anderer entdeckt, der geniale ägyptische Pharao des 14. Jahrhunderts vor Christus: Echnaton oder Amenophis IV. Fast ein Jahrtausend vor dem zweiten Jesaja.

Und in der Tat gab es für den einsamen Denker jener frühen Zeit nur einen Gott, den strahlenden Lichtgott Aton. Für Echnaton war die Welt eine Fülle von Licht und ein Ausdruck der großen Güte des einen Gottes. Was dieser Gott aber nicht umgriff, war die ganze, für das Volk ungleich realere Erfahrung von Leid, Tod und Schrecken, der ganze Bereich des Bösen, der Schuld, der Unterwelt und der Jenseitshoff-

So standen sie vor mir in der Gegend des Kanals Kebar. Freundlich, offen und bereit zum Gespräch. Vielleicht gehörten sie zu den Nachfahren jener im Zweistromland verbliebenen Judäer?

nung. Für die Menschen waren ungleich dringlicher als der Preis des himmlischen Lichts die Abwehr der Angst und die Sorge für das Leben nach dem Tode. So konnte sich die Reform des Echnaton nicht durchsetzen. Sein Monotheismus war eine Religion für die Glücklichen auf der Sonnenseite des Lebens.

So war sein Gott keineswegs Herr über alle Bereiche des Lebens. Ihm stand eine ganze von ihm nicht umgriffene Welt des Dunklen und der Finsternis gegenüber. Von Monotheismus aber wird man erst sprechen können, wenn alle Zonen und Dimensionen von ihm bestimmt und durchwaltet sind. Und erst dann wird der tiefe Abgrund in Gott sichtbar, der den wirklichen Monotheismus, für uns Menschen nicht begreiflich, durch seine ganze Geschichte begleitet.

Eine zweite Frage angesichts des Gottes Aton ist die, ob es sich bei ihm wirklich um eine personale Gottesvorstellung handelte oder ob Aton mehr ein Inbegriff war, so dass die Religion des Echnaton mehr im Sinne eines Monismus als eines Monotheismus zu verstehen sei.

Indessen begleitet die Tradition des Monotheismus wie ihr Schatten immer und immer die Gefahr, dass eben dieses Reich des Dunklen, des Bösen und des Todes aus ihm wieder abgetrennt wird und Gott wohl für das Licht, nicht aber für die Finsternis zu stehen hat. So können die eigentlich schwierigen Fragen um-

*

gangen werden. Es entsteht der nur gütige, liebe Gott. Das Dunkle wird danach zum Rätsel, zum Reich eines Gegengottes oder eines Teufels. Es ergibt sich die Möglichkeit, dass ein Mensch oder ein Volk sich auf die Seite dieses lichten Gottes schlägt und seine Gegner auf der Seite der Finsternis ausmacht, die zu bekämpfen danach zum sittlichen Recht wird. Es wird möglich, die Menschen einzuteilen in die Guten und die Bösen, die Lebenswerten und die Lebensunwerten, oder Kreuzzüge zu veranstalten gegen die Ungläubigen, Prozesse gegen die Hexen, Ausrottungsmaßnahmen gegen die Behinderten, die Juden, die Zigeuner oder die Homosexuellen und viele andere, in denen sich das Böse manifestiere. Man kann dann die Menschheit teilen in die Leistungsfähigen, denen es mit Recht gut geht, und die Untauglichen, die an ihrem Elend selbst Schuld sind. Alles aber beginnt mit der Behauptung eigener Gerechtigkeit, wie alle Kriege mit Lügen beginnen, alle Siege mit Lügen gefeiert und alle Niederlagen mit Lügen geschönt werden und alle

gerechten Kriege selbstgerechte Kriege sind. Ein Glaube im Sinne eines wirklichen Monotheismus aber muss sehen, dass Gott nicht nur in mir ist und auf meiner Seite, sondern auch im Gegner und in dem, der als böse gilt.

Aber das entscheidende Unglück passiert nun in uns selbst. Solange ich das Böse, dem ich in mir selbst begegne, auf den Teufel abschiebe, statt es mir selbst zuzurechnen, wenn ich also meinen eigenen Schatten verdränge, werde ich der Wahrheit meiner selbst nicht ansichtig sein.

Wer also wirklich den einen Gott verkündigt, kann nicht um die Einsicht herumkommen, es sei alles Dunkle auch in ihm selbst. An dieser Zumutung, so will mir scheinen, ist die Botschaft von dem einen Gott unter den Gefangenen in Babylon in ihrer ersten Begegnung mit dem geschlagenen Volk zunächst einmal gescheitert.

# 23. Das bittere Los eines Sängers

In den Reden des zweiten Jesaja lesen wir unter viel anderem vier Lieder, die wie Fremdkörper wirken: Wir wissen nicht, ob sie von ihm selbst stammen oder von einem anderen. Wir wissen auch nicht, ob der Mann, den sie besingen, jener zweite Jesaja ist oder ein anderer. Ob mit ihm vielleicht überhaupt ein einzelner Mensch gemeint ist oder das Schicksal des ganzen Volkes Gestalt angenommen hat. Wahrscheinlich aber – nach meiner Meinung – schildern diese vier Lieder einen einzelnen Rufer und sein Scheitern.

Tatsache ist, dass diese Lieder von einem Mann erzählen, der von derselben Hoffnung geredet hat wie der zweite Jesaja. Er wird genannt, zitiert und schließlich, nach seinem gewaltsamen Tod, beklagt. Von ihm ist als vom »Knecht Gottes« die Rede, und wir reden entsprechend von den »Liedern des Gottesknechts«. An seinem Schicksal zeichnet sich ab, wie sehr Glaube und Leiden miteinander verbunden sind, die Erfahrung des liebenden Gottes mit dem Rätsel der Verlassenheit von Gott.

*

Im ersten Lied scheint alles noch gut zu gehen. Es steht in Jesaja 42, 1-7, und es gibt sich als von Gott gesprochen. Es lautet:

*»Seht meinen Knecht!*
*Ich halte ihn.*
*Er ist mein Erwählter, mein Wohlgefallen.*
*Ich habe ihm meinen Geist verliehen.*
*Er zeigt den Völkern, was vor mir gilt.*
*Er lärmt nicht, er schreit nicht.*
*Seine Stimme ergeht sanft.*
*Man hört sie nicht auf den Gassen.*
*Das geknickte Schilfrohr*
*zerbricht er nicht.*
*Den Docht, der noch ein wenig glimmt,*
*löscht er nicht aus.*
*Er sagt in Wahrheit meinen Willen an.*

*Er selbst verlöscht nicht.*
*Er zerbricht nicht,*
*bis auf der Erde mein Wille kund wird*
*und bis zu den fernen Inseln,*
*die der Botschaft von mir bedürfen.*

*So spricht der Gott,*
*der den Himmel geschaffen und ausgespannt,*
*der den Atem allem gibt, was lebt:*

*Ich, Gott, berufe dich als Boten*
*meiner Gerechtigkeit*
*und fasse dich an der Hand.*
*Ich gebe dir Vollmacht und Auftrag,*
*blinde Augen zu öffnen,*
*Gefangene aus dem Kerker zu befreien,*

aus der Gefangenschaft,
die im Dunkeln leben.«

Was uns dabei sofort deutlich ist, das ist die Tatsache, dass Jesus Christus bei seiner ersten Rede in Nazaret, als Programm sozusagen für seine ganze Tätigkeit, diese Verse zitiert und auf sich selbst bezieht.

*

Das zweite Lied ist ein Dankhymnus, in dem der Prophet sich angesichts zunehmender Widerstände und Schwierigkeiten mit seinen Hörern auf diesen Auftrag Gottes beruft und in ihm seine Gewissheit durchhält:

»Hört mir zu, ihr Inseln,
ihr Völker in der Ferne, merkt auf!
Der Herr hat mich berufen
vom Mutterleib her.
Er machte zum scharfen Schwert
meinen Mund,
bedeckte mich mit dem Schatten seiner Hand.
Er machte mich zum spitzen Pfeil
und barg mich in seinem Köcher.

Er sprach zu mir: Du bist mein Knecht,
durch dich zeige ich meine Herrlichkeit.
So wurde ich hoch geachtet
in den Augen des Herrn,
mein Gott war meine Kraft.
Ich aber dachte:
Vergeblich habe ich mich gemüht,

für nichts meine Kraft erschöpft,
wo doch mein Recht
bei dem Herrn bewahrt ist
und mein Lohn bei meinem Gott.

Nun aber spricht der Herr,
der mich vom Mutterleib an
zu seinem Botschafter bestimmte,
mit dem Auftrag,
Jakob zu ihm heimzubringen
und Israel zu ihm zu versammeln:
Zu wenig ist es für dich,
dass du mein Knecht bist,
nur um die Stämme Jakobs aufzurichten
und die Übrigen Israels wiederzubringen.
Ich mache dich vielmehr zum Licht
der Völker,
damit die Kunde von meinem Heil
reiche bis an das Ende der Erde.
Dein Auftrag ist, den Gefangenen zu sagen:
Zieht aus!
Denen im Dunkel: Seht das Licht!
Auf allen Wegen werden sie Weide finden.
Sie hungern nicht, sie dürsten nicht,
der glühende Wind und der Brand der Sonne
treffen sie nicht.
Denn ich, der barmherzige Gott, leite sie.
Zu Wasserquellen werde ich sie führen.«
Jesaja 49, 1-10

Aber der große Seher und Prediger, Denker und Dichter fand keinen Widerhall. Er begegnete wohl erst dem ungläubigen Staunen, dann dem Widerspruch, dann der Resignation, zuletzt dem Hass, und schließlich entledigte sich die überforderte oder enttäuschte Gemeinschaft der Verbannten seiner auf irgendeine blutige Weise.

Das dritte Lied ist eine Klage über die Mühe und Qual seines Amtes:

*»Der Herr hat mir eine Zunge gegeben,*
*wie Jünger sie haben,*
*dass ich wisse mit den Müden*
*zur rechten Stunde zu reden.*

*Der Herr hat mir das Ohr geöffnet.*
*Ich bin nicht ungehorsam*
*und weiche nicht zurück.*
*Ich bot meinen Rücken denen,*
*die mich schlugen,*
*die Wangen denen, die mich rauften.*
*Mein Angesicht verbarg ich nicht*
*vor Schimpf und Speichel.*
*Gott, der Herr, hilft mir,*
*darum werde ich nicht zuschanden.«*

JESAJA 50, 4-10

Ich stelle mir vor, wie diese Frau auf die Lieder des Gottesknechts reagiert hätte. Ob ihr seine Zuversicht nicht verdächtig hätte vorkommen müssen in der Armut und in ihrer sozialen Festgelegtheit. Wie sollte sie an eine Befreiung glauben können?

Und endlich bringt das vierte Lied einen Rück-
blick auf die Katastrophe: die Verfolgung des
Knechts, seine Verurteilung und Tötung. Das
Lied beginnt damit, dass Gott spricht und sich
zu seinem Knecht bekennt:

»*Siehe, mein Knecht siegt.*
*Er ist erhaben, hoch über allen ist er,*
*die bedeutend sind unter den Menschen.*
*Viele erschraken vor ihm,*
*denn er war schrecklich entstellt*
*und nicht schön wie andere Menschen.*
*Aber er wird nun viele Völker versöhnen,*
*und Könige werden*
*staunend den Mund schließen.*
*Nie Erzähltes schauen sie,*
*sie hören nie Gehörtes.*«

JESAJA 52, 13-15

Danach nimmt eine Gruppe von Menschen das Wort. Sie hatten früher anders über den Knecht gedacht als nun, nach seinem Tode. Sie überprüfen ihre Meinung über ihn, und es klingt, als hätten sie sich nun vor Gott für ihr Missverstehen zu verantworten.

*»Wer konnte denn der Kunde glauben,*
*die uns wurde,*
*wer konnte verstehen, was Gott tat?*
*Er wuchs kümmerlich auf wie ein Reis,*
*das in dürrem Erdreich wurzelt.*
*Er hatte keine erhabene Gestalt,*
*keine Hoheit, keinen Glanz.*
*Wir sahen ihn, aber er gefiel uns nicht.*
*Ausgestoßen war er, von Menschen gemieden,*
*ein Mann der Schmerzen,*
*mit Krankheit belastet,*
*so verachtet,*
*dass man das Gesicht vor ihm verbarg*
*und ihn für nichts hielt.*

*Aber das ist wahr: Er trug unsere Krankheit*
*und lud unsere Leiden sich auf.*
*Wir meinten, Gott habe ihn gestraft.*
*Um seiner Schuld willen*
*habe Gott ihn geschlagen und erniedrigt.*
*Aber er wurde durchbohrt*
*unserer Untreue wegen,*
*misshandelt um unserer Verschuldung willen.*
*Die Strafe liegt auf ihm,*
*damit wir Frieden hätten,*
*und durch seine Wunden sind wir geheilt.*

*Wir alle irrten umher wie die Schafe,*
*ein jeder sah auf seinen Weg,*
*aber der Herr warf*
*unser aller Verschulden auf ihn.*
*Er wurde misshandelt und beugte sich,*
*doch er tat seinen Mund nicht auf*
*wie ein Lamm,*
*das man zur Schlachtbank führt,*
*wie ein Schaf,*
*das verstummt vor seinem Scherer.*

*Aus Haft und Gericht wurde er weggerafft,*
*doch wer bedenkt sein Geschick?*
*Denn er ist weggerissen*
*aus dem Lande der Lebendigen,*
*für die Untat meines Volkes hingerichtet.*
*Man gab ihm bei Gottlosen sein Grab,*
*bei Übeltätern seine Grabstätte,*
*obwohl er niemand Unrecht getan hat*
*und kein Trug in seinem Munde war.*

*Aber der Herr wollte ihn*
*mit Leiden zerschlagen,*
*als er sein Leben zur Sühne hingab.*
*Nach der Last seines Lebens*
*wird er Licht schauen*
*und sich an Fülle sättigen.«*
Jesaja 53, 1-11

Am Ende bestätigt Gott noch einmal, was die Gemeinde verstanden hatte:

Die Frauen in der Steppe bei Uruk holen Wasser aus einem der Teiche. Sie füllen die Wassersäcke, die ihr Esel trägt, und transportieren sie eine Tagereise weit zu ihrem Zelt. Vielleicht haben die Heimkehrer zu Zeiten des Kyros ihre Tiere ähnlich für die weite Wanderung vorbereitet.

*»Durch seine Erkenntnis macht mein Knecht,*
*der Gerechte, die Vielen gerecht.*
*Denn er gab sein Leben dahin*
*wie eine Strafe für Aufrührer.*
*In Wahrheit aber trug er die Sünden*
*der Vielen*
*und trat für die Empörer ein.«*

Jesaja 53, 11-12

Was war geschehen? Der Gottesknecht, den wir vielleicht unter dem Namen des zweiten Jesaja kennen, war offenbar keine imponierende Gestalt, sondern wohl eher klein und unscheinbar. Aber vielleicht auch ist gemeint: Er war durch Misshandlungen entstellt, durch die Geißel oder die Folter. Denn dies ist deutlich: Die Frommen nahmen sein Wort nicht an. Die weniger Frommen verhöhnten ihn. Vielleicht verklagten sie ihn bei der babylonischen Regierung als Empörer. Vielleicht wurde er in einem Ketzergericht zusammengeschlagen und hingerichtet und schließlich bei den Verbrechern verscharrt.

Das Lied, in dem sich eine Gruppe von Menschen nach anfänglichem Missverstehen zu ihm bekennt, könnte von Schülern oder Freunden, vielleicht aber auch von der ganzen Gemeinde gesprochen sein: Der gehasste Mann hatte also doch eine Botschaft! Der Wille Gottes geschah offenbar doch und gerade in dem abstoßenden Vorgang seines Sterbens!

Vielleicht war es die Art seines Leidens, die sie wachgerüttelt hat, die Ergebung, die sie erlebten, als er seinen Mund nicht auftat, sich nicht wehrte, nicht verteidigte, sondern seinen Weg schweigend und gütig ging, zuletzt noch betend für sein Volk. Auf alle Fälle erkannten sie, dass er Worte gesagt hatte, die nun nicht nur für Israel wegweisend und befreiend waren, sondern auch für alle anderen Völker, auch für Babylon.

*

Aber was eigentlich warf man ihm vor? Wo lag der Grund für das Todesurteil, ob nun ein Gericht es aussprach oder das Volk es im Stil eines öffentlichen Totschlags vollzog? Es ist eine allgemeine Erfahrung, dass das Neue, das

ein Denker oder Prophet ausspricht, selten als Befreiung empfunden wird, sondern eher als Bedrohung, auch wenn es in Wahrheit Befreiung bringt.

Nahm zum Beispiel der Knecht den Gedanken der Schöpfungsgeschichte auf, dass Gott die Sterne gemacht und sie zu Lampen bestimmt habe, dann geriet für das Empfinden von jahwetreuen Judäern dieser Gott in gefährliche Nähe zu den fremden Göttern der Sterne. Er wurde selbst der Urheber all der Götter, die sein Volk unterjochten. Wie kann man ihn mit Schamasch, dem Sonnengott, mit Sin, dem Mondgott, oder Ischtar, deren Symbol der Stern ist, in einem Atemzug nennen? Und dann soll Gott auch noch gesagt haben, all dies sei gut!

*

Und vor allem:

*»Schüttle den Staub ab, steh auf,*
*Jerusalem, du Gefangene!*
*Mach dich los von dem Halseisen,*
*du gefangene Tochter Zion!*
*Denn so spricht der Herr:*
*Eure Peiniger haben nichts für euch bezahlt,*
*sie sollen auch nichts für euch bekommen!«*
Jesaja 52, 2-3

Ist das nicht der offene Aufstand? Mussten sie sich dieses Menschen nicht entledigen, so schnell und so deutlich wie möglich, damit sie nicht alle zusammengeschlagen würden? Ist es nicht besser, fragte Kaiphas, der Hohepriester, sechshundert Jahre später, dass dieser eine, Jesus, stirbt, als dass das ganze Volk von den Römern massakriert wird?

Vielleicht wurde der zweite Jesaja den Babyloniern ausgeliefert ähnlich Jesus, dem man die Anklage mitgab: Er predigt den Aufstand! Und wie Jesus Pilatus gegenüber schwieg, so tat er seinen Mund nicht auf, als man ihn zu Tode brachte. Und wie von Jesus ist von ihm gesagt: Er betete für seine Henker.

Es muss wie ein Schock in die Gemeinde der Verbannten gefahren sein, die ja sein Sterben erlebte und sah, wie man ihn bei Verbrechern verscharrte, als der erste anfing zu fragen: Ist er nicht im Grunde für sein Volk gestorben, das sich so entsetzlich an ihm versündigt hat? Hat er uns nicht eine Erkenntnis geschenkt, die uns frei macht, freier, als wir selbst auf dem Heimweg nach Jerusalem werden könnten?

# 24. Weitreichende Konsequenzen

Aber wohin trug die Erkenntnis jener Stunde in Babylon? Zunächst trug sie aus der Enge einer auf Israel begrenzten Gottesvorstellung in die Weite eines Gottes der Erde und der Menschheit. Weiter dahin, dass das Wissen Israels um den in der Geschichte wirkenden Gott in der Begegnung mit den Schöpfungsmythen des Ostens zu dem Bild des einen, Zeit und Raum, Geschichte und Kosmos umgreifenden Gottes zusammenwuchs. So griff auch zum dritten die Zukunftshoffnung Israels, die bislang nur das eigene Volk betraf, auf die Schöpfung aus und reifte heran zu dem großen Gedanken vom Reich Gottes.

Aber das ist nicht alles. Gott war nicht mehr gleichsam der Repräsentant des Lichts gegen die Finsternis in einer gespaltenen Welt. Denn nun trat am Ende der Zeit des babylonischen Exils ein unansehnlicher, kranker, schwacher Mensch als Repräsentant Gottes auf. Das Bild des Leidens und der Erniedrigung wurde zum Bild Gottes, und diejenigen, die Gott oben, im Reich des Lichts, zu suchen gewöhnt waren, gerieten ins Unrecht. Sie waren plötzlich, nach dem Bekenntnis der Späteren, die von seinem Tod berichteten, die »Empörer«. Plötzlich stand man vor der Zumutung, Gott in der Tiefe zu entdecken und dem unansehnlichen Propheten zu glauben, das Werk der Erlösung beginne unten.

Die Erkenntnis, die hier gewonnen und in Christus letztgültig gezeigt wurde, ist die, dass das Wasser ursprünglich Symbol war für den Ort der unteren Mächte, der Drachen und Meergötter, die von den oberen Göttern mühsam in Schach gehalten wurden. Wenn aber nun das Wasser Geschöpf Gottes war, wenn es Instrument seines Willens war, dann war Gott auch der Dunkle, der Gott in der Tiefe. Denn wie das Wasser die Tiefe sucht und alle Mulden, Rinnen und Schluchten ausfüllt, ehe es fließen oder ruhen kann, so füllt Gott sozusagen die Tiefen des Daseins aus, und wer nun in irgendeine Tiefe absinkt, begegnet dort, im Leiden und Sterben, eben diesem Gott, dem Gott der Höhe und der Tiefe zugleich.

Das aber anzunehmen ist nicht einfach. Denn nun gibt es die so sehr befriedigende Möglichkeit, sich gegen das Dunkel abzugrenzen und dem lichten, guten Gott zuzugehören, nicht mehr. Wenn der lichte Gott auch der dunkle Gott ist, dann ist die Angst mitten im Glauben anwesend. Dann kommen Leiden und Glück aus derselben rätselhaften Hand. Dann bleibt als Zeichen der Hoffnung nichts mehr als das Wort dieses Propheten:

Die Erinnerung an den gekreuzigten Christus hat die Kirche beim Lesen der Geschichte vom leidenden Gottesknecht nie losgelassen. Sie ist in der Tat immer als eine prophetische Vorwegnahme des Todes ihres Meisters empfunden und ausgelegt worden.

*»Ich habe dich bei deinem Namen gerufen.*
*Du bist mein.*
*Ich führe dich.*
*Ich habe einen Weg für dich.«*

*

Und als bedürfe die Geschichte noch eines letzten großen Kapitels, in welchem der Sinn der ganzen Erzählung erst eigentlich an den Tag kommt, erzählt das Evangelium die Geschichte, wie die Begleiter Jesu in einer Nacht bei Sturm über das Galiläische Meer fahren und in Seenot geraten. Während sie nun in ihrem Fischerboot in der Finsternis mit den Wellen kämpfen, sehen sie etwas: eine Gestalt! Und die Angst packt sie: Ein Gespenst! Ein Dämon! Aber da hören sie aus der Dunkelheit und aus dem Heulen der Elemente die vertraute Stimme: »Ich bin's! Fürchtet euch nicht.« Da war Christus, der Meister, bei ihnen. Und das Meer wurde still.

Es hat wenig Sinn, an Erfahrungen dieser Art herumzufragen, ob sie denn möglich seien. Erfahrungen dieser Art kommen von außen, wo Nacht, Sturm und Meer sind. Und sie kommen von innen, wo ein Mensch in den Bildern von Sturm, Meer und Nacht seine Rettung erfährt. Am Ende ist unwichtig, was außen und was innen geschah, denn es ist tatsächlich alles anders geworden: Es ist einer da. Der Sturm ist nicht souverän. Das Schiff hält stand. Der Morgen kommt, und der Meerfahrer macht sein Boot

fest. Die Seele geht nicht unter. Der Christus vermag auf dem Wasser zu gehen. Er geht über dem Chaos im Grund der Seele, frei über den Wassern und sagt: Ich bin das Licht der Welt. »Die erste große, gänzlich in sich gesicherte Helligkeit«, sagt Jean Gebser, »ist damit in der Menschheit zum Durchbruch gekommen, jene Helligkeit, die es zum erstenmal auszusprechen wagen darf, dass sie das Dunkle, das Leid der Welt, auf sich zu nehmen wage.«

Ich bin's!, sagt der Christus vom See Genezareth. Mitten in dem, was dir Angst macht, bin ich. Fürchtest du den Sturm? Ich bin's. Fürchtest du, was kommt? Ich bin's. Fürchtest du deine Krankheit? Ich bin mitten in ihr. Fürchtest du das Sterben? Es wird eine Begegnung mit mir sein. Du brauchst dich nicht gegen die Welt abzuschirmen. Du brauchst weder in dir selbst noch an irgendeinem anderen weltabgewandten Ort Zuflucht zu suchen. Nimm die Herausforderung an, die in dieser Zeit liegt. Wenn diese Zeit von dir eine Änderung deiner Gesinnung verlangt – und sie tut es –, dann nimm ihre Forderung an. In dieser Zumutung begegnest du mir.

Und wenn du erkennst, es sei nötig, dass du dich gegen allen Zeitgeschmack offen zu denen bekennst, die jetzt eben den Hass aller zu tragen haben, dann folge deiner Erkenntnis. Im Verurteilten, im Schuldigen, im Ausgestoßenen begegne ich dir. Man könnte geradezu sagen, die Wunde, die in Gott gerissen wurde

Ernst Alt hat einen müden, alten Mann und den Aufbruch seiner Hoffnung geschildert, wie die Christen den leidenden Gottesknecht von Babylon von jeher mit denen in Verbindung gebracht haben, die auf Christus hofften, und sogar mit Christus selbst.

Der greise Simeon sagt hier, das Kind Jesus auf den Händen:

»Nun lässest du deinen Diener in Frieden fahren, denn meine Augen haben deinen Befreier gesehen.«

damit, dass er der eine ist, der in allem ist, sei durch Jesus Christus geheilt worden.

Du hast darum keine Angst nötig. Die Zukunft wird, in welcher Form immer sie dir entgegen tritt, die Begegnung mit mir bringen. Du kannst nachdenken, wo andere der Hysterie verfallen. Du hast noch eine Güte zu geben, wo andere gezwungen sind zu hassen. Du wirst erleben, dass das Meer still wird, der Sturm sich legt und in der bedrohlichen Wassertiefe sich der Himmel Gottes spiegelt.

Nichts kann die Angst bannen, die heute durch die Welt geht, es sei denn das Wort, mit dem Gott uns mitten aus der Gefahr anspricht. Nichts kann uns helfen als das eine, dass das Gebirge der Wellen in seiner Gegenwart in sich zusammensinkt und der Horizont frei wird, in dem die Weltgeschichte sich in Wahrheit abspielt.

*

Es ist schon eine Reihe von Jahren her. Ein Mann in den Vierzigern saß mir gegenüber. Pfarrer in Argentinien. Fünf Jahre Gefängnis lagen hinter ihm und seiner Frau. Quälereien, Folterungen. Sie waren, leidenschaftlich für die Erneuerung der sozialen Verhältnisse in ihrem Land und Kontinent engagiert, den Herrschenden gefährlich geworden.
Wir sprachen über die so genannte Theologie der Revolution. War es möglich, war es erlaubt,

war es gar vielleicht geboten für Christen mit wachen politischen Sinnen, um der Veränderung der Verhältnisse willen zur Gewalt, zum Kampf im Untergrund überzugehen? Er schüttelte den Kopf: »Nein, die Gewalt ist es nicht. Der Umsturz ist es nicht. Die Theologie der Revolution ist vorbei. Damit sind wir gescheitert. Vielleicht haben das manche unserer Freunde in Europa noch nicht gemerkt. In der Revolution liegt keine Hoffnung mehr.«

»Was wir brauchen, ist eine ›Theologie des Exils‹«. »Was meinen Sie damit?«, fragte ich. »Wir sind«, fuhr er fort, »in dieser Gesellschaft nicht zu Hause. Wir sind Fremde, wir Christen. Wir sind aber auch nicht die, die, alles rettend, von außen eingreifen. Wir stehen mit gebundenen Händen. Wir können beten, hoffen, warten, aber nicht umstürzen. Wir haben die Vergeblichkeit unserer besten Bemühungen erlebt. Wir können nur noch auf das warten, was sich von Gott her ereignen wird.«

Der Mann wirkte keineswegs resigniert, sondern eher fröhlich und aktiv, gespannt und voller Pläne. Er war aus seinem Land ausgesperrt und verbrachte die Zeit, bis sich ihm wieder ein Weg nach Hause öffnet, in einer Gemeinde in Frankreich.

»Es gab eine Zeit«, so fuhr er fort, »da waren wir Fachleute in Sozialpolitik, und fast verloren wir die Maßstäbe des Glaubens dabei. Inzwischen haben wir wieder entdeckt, was es

heißt, zu glauben. Es war kein Weg mehr sichtbar – und nun zeigt sich plötzlich ein Weg. Ein
neuer Raum, mitten in der Gefangenschaft.
Aber diesen Weg, diesen Raum eröffnet nur
Gott selbst.

Die Welt war uns ein Tummelplatz von Terror,
Gewalt und Menschenschinderei gewesen. Sie
wurde uns wieder – gegen allen Augenschein
– zu einem Haus Gottes. Man muss im Exil leben, um zu begreifen, dass dies die Welt Gottes
ist, die Welt, in der Gott wirkt. Wir entdecken,
was wir gewusst, aber nicht mehr praktiziert
hatten: Dass es Gott ist, der diese Welt geschaffen hat und der bis zum heutigen Tag und bis
ans Ende in ihr wirkt.

Wissen wir das, dann löst sich der Krampf,
in dem die Angst und Herrschsucht des Menschen sich heute wie in einem Knoten zusam-
mengezogen haben. Angst ist nicht nötig, und
herrschen heißt gelassen und behutsam mit
verantworten, was mit der Welt geschieht.
Dann wird die Welt frei vom Zugriff des Menschen, und es offenbart sich, dass sie die Welt
Gottes und des Menschen, des freien und frei-
lassenden zugleich ist.

Das Reich der Meder und Perser

In das Gebiet des heutigen Iran, aber auch Afghanistans und Pakistans wandern um 1200 vor Christus arische Völker ein und teilen sich wohl in die Stämme, die von dort nach Indien weiterziehen, und die, die sich auf dem iranischen Hochland sesshaft machen.

Es bilden sich im 7. Jahrhundert zwei Reiche nebeneinander: das Medische Reich im Westen des Iran, das Persische im Süden. Das Medische Reich verbündet sich 612 mit Babylon, zerstört Ninive und beendet die assyrische Herrschaft über den Orient. Im selben Jahr erhebt sich ein persischer Reiteroffizier namens Kyros, ergreift die Herrschaft über Persien und Medien, unterwirft Kleinasien und zieht 539 in Babylon ein. Schließlich entsteht unter seinen Nachfolgern Kambyses und Darius I. das Persische Großreich. Es reicht vom heutigen Jugoslawien über die heutige Türkei, den ganzen Nahen Osten bis weit über den Indus hinaus und schließt im Süden auch Ägypten ein. Es hat eine Längenausdehnung von ca. fünftausend Kilometern und ist damit das größte einheitliche Reich, das das Altertum hervorgebracht hat, weit größer sogar als das Römische Reich. Neben der bewundernswerten Organisationskraft, die die Perser befähigte, dieses Reich zweihundert Jahre lang im Frieden zu beherrschen, sind es vor allem seine Rechtsstaatlichkeit und humane Toleranz, die es aus den übrigen Staaten der alten Welt herausheben.

Wer den Geist dieses Reiches einmal begriffen hat, kann nicht umhin, das Unglück zu empfinden, das darin besteht, dass ein jugendlicher Barbar wie Alexander es in Trümmer schlug mit dem Erfolg, dass ein politischer, kultureller und humaner Rückfall in die Zeit der blutrünstigen Kleinreiche erfolgte. Als ich im Kulturministerium in Teheran einmal den Namen »Alexander der Große« in den Mund nahm, antwortete mir der Minister, ein gütiger, gebildeter älterer Herr, sehr freundlich, liebenswürdig: Wir nennen ihn nicht den »Großen«. Unsere abendländische Bildungsgeschichte, an Schlachten und Feldzügen orientiert, hat uns da wohl noch nie die wirklichen Proportionen und nie die geistige Komponente einer solchen Auseinandersetzung wie der zwischen Makedonien und Persien gezeigt. Innerhalb dieses Persischen Reiches herrscht eine Freiheit, wie die Welt sie bis dahin nicht gekannt hatte. Die einzelnen Völker leben nach ihren eigenen religiösen und rechtlichen Überlieferungen ungestört. Die in Babylon gefangenen Judäer (und mit ihnen sicher eine ganze Reihe deportierter Völker) werden freigelassen, dürfen nach Judäa zurückkehren und den Tempel von Jerusalem mit öffentlichen Mitteln des persischen Staates wieder aufbauen. Judäa erhält eine Art begrenzter Autonomie. Die Judäer aber, die nicht zurückzukehren wünschen, erhalten die Möglichkeit, als Bürger in den Städten Mesopotamiens und des Iran zu hohen öffentlichen Ämtern aufzusteigen, und können sich in völliger Freizügigkeit in den Ländern dieses Reiches bis nach Ägypten hin ansiedeln.

Der Blick geht vom Berg Qu-i-Rahmat auf eine weite Ebene hinaus, in die die grandiose Terrasse sich erstreckt, auf der die Paläste der persischen Könige sich lagern. Das Bild zeigt etwa die Hälfte der Anlage.

Links vorn quadratisch: der 99-Säulensaal des Darius, daneben, langgestreckt, der 100-Säulensaal, der ein Teil des königlichen Schatzhauses war. Rechts im Vordergrund der Thronsaal mit hundert Säulen, rechts dahinter die große Empfangshalle, das Apadana, mit seinen langgestreckten, repräsentativen Treppenaufgängen. Links davor in der Bildmitte ein Schatzhaus, dahinter, in der Bildmitte an der Rampe der Terrasse, hinter dem flachen Erdhügel, der Darius-Palast für offizielle Bankette, links davon der Xerxes-Palast.

Persepolis ist eine Anlage, die einem den Atem nehmen kann. Kaum irgendwo ist Großzügigeres, Klareres geplant oder gebaut worden. Kaum irgendwo in der alten Welt kommt ein weltumspannender, rationaler Sinn für Herrschaft so überzeugend zum Ausdruck. Kaum irgendwo lagert ein Palast so selbstsicher, so gelassen, so weltoffen. Kaum irgendwo sonst in der alten Welt hat sich ein Rechtsstaat so überzeugend, so bei aller Unerbittlichkeit des Herrschaftsanspruchs so von allen Mystizismen frei und so sachbezogen dargestellt. Geht man in Persepolis über die Höfe, durch die Hallen oder über die Treppen, dann will einem scheinen, hier sei endlich das uralte Problem gelöst, wie denn menschliche Autorität aufzutreten habe, wenn sie sich ihres göttlichen Mandats bewusst und dennoch von hybrider Selbstvergottung frei sei.

Das Persische Reich war nicht das ideale Reich schlechthin. Es war von Krieg und Streit geschüttelt wie irgend ein anderes. Aber immer wieder setzte sich dieser in Persepolis sichtbare Geist einer klaren, humanen Friedensordnung durch. Kein Wunder, dass das Alte Testament niemals negativ über einen persischen Herrscher berichtet. Und kein Wunder, dass Kyros von den Juden in der Babylonischen Gefangenschaft als ein »Knecht Gottes« bezeichnet wird, der seine Vollmacht von eben dem »Gott des Himmels« habe, dem auch das alttestamentliche Volk diente.

Die Anlage von Persepolis wurde von Darius dem Großen begründet (521-485) und von seinem Sohn Xerxes (485-465) ausgebaut. Als 330 Alexander vor Persepolis stand, ging mit dem Persischen Reich auch der Geist von Persepolis zugrunde. Die Stadt, die in der Ebene lag, wurde brutal zerstört, alle Männer wurden getötet, alle Frauen in die Sklaverei verkauft, und während eines Freudenfestes der siegreichen Makedonen ging der herrliche Palast in Flammen auf. »Aus Versehen«, wie man behauptete. In Wahrheit vermutlich, weil Alexander den Brand der Akropolis von Athen während der Perserkriege rächen und so den Athenern einen Dienst erweisen wollte. Seither liegt die Anlage unter dem Sand. Seit 1931 wird sie ausgegraben und behutsam restauriert.

Im Jahr 1971 feierte Schah Mohammed Reza Pahlevi das 2500. Gründungsfest des Persischen Reiches. Aus diesem Anlass ließ er vor der Terrasse eine Parkanlage und ein Zeltlager errichten, das nach Art eines altpersischen Heerlagers gebaut war. Ein fünfstrahliger Stern von großen Zelten steht seither leer und ein wenig sinnlos in der Landschaft, nur einmal in Gebrauch gewesen, als die Scheichs und die Könige der arabischen Länder und fast alle regierenden europäischen Fürsten, Könige und Staatspräsidenten oder deren Vertreter dort ihr langes, üppiges Fest feierten.

Hunderte von Einzelfiguren sind an der Empfangstreppe des Palastes versammelt, Gäste aus vielen Völkern, die dem König irgendein Gastgeschenk bringen: einen Sack Getreide, ein Gewand, ein Tier, einen Krug, Früchte. Es ist ein festliches und friedliches Bild.

# 25. Aufbruch und Heimkehr

Im Jahre 539 zog Kyros, der König der Perser und Meder, nach einem Sieg über das neubabylonische Reich in der Hauptstadt Babylon ein, weniger als Feind denn als Befreier auch von der Bevölkerung dieser Stadt begrüßt. Das Zweistromland fiel ihm zu und ohne Kampf auch der ganze Raum Syriens und Palästinas bis an die Grenze Ägyptens. Damit schlug die Stunde der Befreiung für die Verbannten am Kanal Kebar, und allmählich hoben sich aus dem schon fast babylonisch gewordenen Volk diejenigen heraus, die den Weg in die Heimat antreten wollten, um einen neuen Anfang zu wagen. 538, also fünfzig Jahre nach dem Untergang Jerusalems, eröffnete das berühmte Edikt, von dem das Buch Esra erzählt, den Weg in die Heimat:

*»So spricht Kyros, der König von Persien:*
*Der Herr, der Gott des Himmels,*
*der mir alle Königreiche der Erde gab,*
*hat mir befohlen,*
*ihm einen Tempel in Jerusalem zu bauen.*
*Wer nun unter euch zu seinem Volk gehört,*
*mit dem sei sein Gott,*
*und er ziehe dorthin.«*

Esra 1, 1-3

Und wirklich: Ein großer Teil dieser babylonischen Juden brach in der Zeit bis 520 auf und wanderte zurück in das Land der Väter. Sie wussten: Wir treffen keinen Glanz und keine Herrlichkeit an, sondern die Mühe und das Elend. Wir finden kein freies Land. Auf den Äckern unserer Großeltern sitzen längst andere Leute. Aber wir wagen es. Und aus diesem armseligen gemeinsamen Neuanfang der im Land Verbliebenen und der Rückkehrer erwuchs danach das jüdische Volk mit seinem großen geschichtlichen Stehvermögen, erwuchs der jüdische Glaube, die jüdische Kultur – und später die christliche und die islamische Geschichte.

Abraham war der große Wandernde, wie es die waren, die von Babylon aufbrachen. Und noch unsere eigene, christliche Kirche versteht sich als das »wandernde Gottesvolk«. Sie ist weniger eine Kathedrale als vielmehr ein Zelt, das immer neu aufgeschlagen werden muss. Denn der Mensch ist in keinem Sinne sesshaft. Er wandert.

Ich bin der Weg, sagt Jesus. Ich habe einen Weg für dich. Lass dich nicht festlegen. Lass dich nicht einfangen von irgendeiner Sicherheit. Es gibt eine Zukunft, die sich lohnt. Ich bin bei dir. Du bist behütet.

Der Segen Gottes ist mit dir. Das Leben liegt vor dir. Nimm es in die Hand. Und komm!

So mag Jerusalem den Verbannten vor Augen gestanden haben, wie ein ferner Traum, kaum erreichbar, in einem ersten Morgenlicht.

Die Mauern Jerusalems waren immer wieder in den Liedern jener Zeit das Symbol für Geborgenheit, das Symbol für die schützende Kraft Gottes.

»Deine Mauern stehen immer vor mir«, sagt der zweite Jesaja (Jesaja 49,16).

Oder: »Ich, Gott, will Wächter auf deine Mauern bestellen« (Jesaja 62,6).

Oder Sacharja sagt: »Gott spricht: Ich will eine Mauer aus Feuer um euch her sein« (Sacharja 2, 9).

Als die Heimkehrer in Babylon vor ihrem Aufbruch standen, als sie voraussahen auf einen unbekannten und gefahrvollen Weg, da hatten sie die Worte im Ohr, die ihnen der zweite Jesaja zugesprochen hatte und die wir in Jesaja 43, 44 und 55 lesen:

*»Wort von Gott:*
*Fürchte dich nicht.*
*Ich befreie dich.*
*Ich rufe dich bei deinem Namen,*
*du bist mein.*
*Wenn du durch Wasser gehst,*
*bin ich bei dir,*

*inmitten von Strömen*
*halte ich dich fest.*
*Wenn du durch Feuer gehst,*
*wirst du nicht brennen,*
*und die Flamme*
*wird dich nicht versengen.*

Heute tanzen junge Israelis an den Mauern Jerusalems ihre Freude hinaus darüber, dass dies ihre Stadt ist.

Ich will Wasser gießen auf das durstige Land.
Ich will meinen Geist ausgießen
über eure Kinder und meinen Segen
auf eure Nachkommen,
dass sie wachsen sollen wie das Gras
zwischen den Wassern
und wie Weiden an den Wasserbächen.

Berge und Hügel sollen vor euch her jubeln
und alle Bäume vor Freude
in die Hände klatschen.

Freude gebe ich euch im Aufbruch,
auf dem Weg aber Geleit im Frieden.«

*Einer singt sein Lied*

## Kleine Schilderung der Geschichte, wie wir sie heute sehen

Die erste Phase der Geschichte des biblischen Volkes zeigt uns die Stämme Israels als freie Nomaden, die allmählich sich im Land Palästina heimisch machen. Das war zwischen dem Einzug ins Land unter Josua um 1200 bis zum Auftreten der ersten Könige Saul und David. Aus dieser Zeit stammen in der Bibel viele Stammessagen, Heldengeschichten, Lieder, Sprüche und Rechtssätze. Ihr geht eine Phase voraus, die wir historisch nur schwer fassen und datieren können, in der geschah, was die Vätergeschichten um Abraham, Isaak und Jakob berichten, und alles, was die Mosegeschichte um die Befreiung aus Ägypten und die Wüstenwanderung der Stämme betrifft.

Die zweite Phase dieser Geschichte reicht von 1000 bis 586. In ihr bildete sich Israel als mittlere Großmacht. Nach rund siebzig Jahren der Blüte, 931, zerbrach dieses Reich Davids und Salomos in zwei kleinere Reiche, im Norden entstand Israel, im Süden um Jerusalem her Juda. Hier und dort gab es Könige, von denen in den Geschichtsbüchern des Alten Testaments erzählt wird. 722 wird das nördliche Reich von der assyrischen Großmacht vernichtet. Das südliche besteht bis zur Zerstörung von Jerusalem 586. Die Geschichte dieser Zeit ist bestimmt von vielen kriegerischen Auseinandersetzungen, Siegen und Niederlagen, aber vor allem nach dem Urteil Späterer von der Auseinandersetzung zwischen dem Glauben an den mit Israel verbündeten Gott Jahwe und den Kulten der vielen Götter dieser nahöstlichen Welt. Vom religiösen Kampf der Propheten gegen die meisten der Könige. Literarisch entstanden in dieser Zeit die Erzählungen über Elia, über die Propheten Amos, Hosea, Jesaja und Micha im 8. Jahrhundert. Und es entstand im 6. Jahrhundert ein Geschichtsbuch mit einer zusammenhängenden Darstellung der Ereignisse in jener zweiten Phase bis zum 7. Jahrhundert sowie das »jahwistische Geschichtswerk«, das vor allem in den Büchern 1.-4. Mose zu finden ist. Als um 622 der König Josia die religiöse Landschaft um Jerusalem reformieren wollte, entstand das 5. Buch Mose, das »neue Gesetz«. Um 600 endlich entstehen die Bücher Jeremia und Hesekiel. Das Ende dieser Phase waren der Krieg der Babylonier gegen Juda und die Belagerung und Zerstörung von Jerusalem. Die Wegführung eines Teils der Bewohner in die Gefangenschaft in Babylon.

Um den Anfang der dritten Phase geht es in diesem Buch. Sie reicht von 586 vor bis 135 nach Christus. Sie ist dadurch gekennzeichnet,

Torarollen, das Zeichen für die Erinnerung eines Juden an seine Geschichte und Dokumente des Vertrauens, das Gott ihm und seinem Volk als führende und bewahrende Macht zugetan sei.

dass Juda zwar als Staat überlebt, aber ohne Souveränität als Teil übermächtiger Weltreiche, der Babylonier zuerst, der Perser danach, der Nachfolgereiche der Eroberungen Alexanders bis zum Auftreten der Römer 63 vor Christus, danach des römischen Reiches bis zur endgültigen Vernichtung des jüdischen Staates mit der Eroberung Jerusalems im Jahr 135. In der Anfangszeit dieser Phase, während des babylonischen Exils zwischen 586 und 538, die dieses Buch schildert, geschah der eigentliche Durchbruch durch die alten religiösen Vorstellungen Israels von dem mit ihm verbündeten Stammesgott Jahwe zum klaren und umfassenden Monotheismus, und es entsteht das, was wir das biblische Gottesbild nennen. In dieser Zeit erzählten Priester vieles, was früher in anderer Form erzählt worden war, neu, so dass sich ein anderes Bild auch der früheren Geschichte Israels ergab. Wir nennen diesen Anteil an den Büchern des Alten Testaments, der in Babylonien entstand, die »Priesterschrift«. Zu ihr gehört vor allem etwa die Schöpfungsgeschichte von 1. Mose 1, mit der die zweite Schöpfungsgeschichte, von Adam und Eva und vom Paradies aus älteren Zeiten, abgelöst wurde und die ganze Erzählung von den Patriarchen oder von der Wüstenwanderung der Stämme Israels. In derselben Anfangsphase schufen Gelehrte und ihre Schüler in Jerusalem eine kritisch durchgeformte Geschichte ihres Volkes, die heute in den Büchern Josua, Richter, Samuel und Kö-

nige vorliegt. Sie arbeiteten auch alle Fehlentwicklungen dieser Geschichte auf, die zu der Katastrophe von 586 geführt hatten. Dieses Werk nennen wir das »deuteronomistische Geschichtswerk«, das heute mit anderen, älteren Quellen durchmischt vorliegt. Die Gefangenschaft der Judäer endet 538 mit dem Edikt des Perserkönigs Kyros nach der Zerstörung Babylons, mit dem er den gefangenen Judäern die Rückkehr nach Jerusalem erlaubte. Damit enden auch die Erzählungen dieses Buches.

Was es zeigen will, ist die Entstehung der neuen Gedanken über Gott und die Entstehung der priesterlichen Erzählungen einerseits (Kapitel I, II und IV) sowie die Arbeit der prophetischen Gelehrten, die in Jerusalem die alte Geschichte Israels neu darstellten (Kapitel III), und was dies beides für das religiöse Bewusstsein dieses Volkes und für seine künftige Geschichte zu bedeuten hatte. Das Buch erzählt frei auch von Dingen, die wir nicht wissen, die aber sowohl die Situation als auch die Gedanken der Gefangenen betreffen, so, dass, wer heute diese Geschichte einer Schulklasse oder einer Gemeinde nahe bringen will, vielleicht denselben Mut findet, frei zu erzählen. Denn anders als mit dem freien Erzählen sind die schwierigen Zusammenhänge dessen, was damals geschah, heutigen Menschen, die nicht über wissenschaftliche Vorkenntnisse verfügen, kaum zu vermitteln.

# Bildnachweis

Die Fotos dieses Bandes stammen aus einer Zeit, in der der Vordere Orient Frieden hatte und es möglich war, der alten Kultur dieses Raumes ohne Behinderung zu begegnen.

*Garo Nalbadian*, Jerusalem: 17, 39, 146, 150, 162, 165, 184, 197, 199, 202
*Ernst Alt*, Saarbrücken: 22, 152, 186
*Manough*, Beirut: 157
*Jörg Zink:* alle anderen Bilder

**Jörg Zink**, geboren 1922, Dr. theol., ist einer der bekanntesten Theologen der Gegenwart. Er ist Verfasser zahlreicher erfolgreicher Titel zu Fragen der Bibel und des christlichen Glaubens und Lebens.

Bibliografische Information der Deutschen Nationalbibliothek
Die Deutsche Nationalbibliothek verzeichnet diese Publikation in der Deutschen Nationalbibliografie; detaillierte bibliografische Daten sind im Internet über http://dnb.d-nb.de abrufbar.

1. Auflage
Copyright © 2008 by Gütersloher Verlagshaus, Gütersloh, in der Verlagsgruppe Random House GmbH, München

Dieses Werk einschließlich aller seiner Teile ist urheberrechtlich geschützt. Jede Verwertung außerhalb der engen Grenzen des Urheberrechtsgesetzes ist ohne Zustimmung des Verlages unzulässig und strafbar. Das gilt insbesondere für Vervielfältigungen, Übersetzungen, Mikroverfilmungen und die Einspeicherung und Verarbeitung in elektronischen Systemen.

Umschlagmotive: Garo Nalbadian (links oben), alle anderen Jörg Zink
Reproduktionen: PER Medien+Marketing GmbH, Braunschweig
Druck und Einband: Print Consult GmbH, München
Printed in Slovac Republic
ISBN 978-3-579-06463-5
www.gtvh.de